空間の旅

可能性のデザイン

岡部憲明 著

鹿島出版会

はじめに

旅はそれが仕事であっても余暇の計画であっても、日常の中に変化をもたらし、感覚や思考に刺激を与えてくれます。建築家は旅＝移動が多い職業に属していると思います。建築が地に立していることが最大の要因であると考えられます。

都市計画や建築のプロジェクトに関わると、計画の段階から建設現場が終了するまで移動を繰り返します。加えて都市や建築を学び探求することにも移動はつきものです。

知識として、また、技術として建築を学ぶことは机上でも可能ですが、スケール感から素材に至るまで都市空間、建築空間の質について知るには、そこに自らの身体をおいてみることが重要です。映像は多くを伝えてくれますが、自らの全知覚でもって感じとることは建築空間をつくる人間にとって必要です。自らの身体をもって新たな空間と出会い、発見することは、建築家にとって知識や技術の学習と同時に重要な課題です。旅の後に日常の中で気がつかなかったことを発見するといった経験は、誰にとってもあることでしょうが、建築家にとっては一つの義務ともいえ、できうるかぎり発見を移動の中からつかみとることを試みなくてはならないと思います。

物理的な移動＝旅とともに、建築にはもう一つ旅があります。「時間の中の旅」。歴史の時間を追い、未来の時間に思考を伸ばすという時間の中の旅はもちろん考えられますが、建築のプロジェクトをつくりあげていくプロセスはまさにもう一つの「時間の中の旅」です。

一〇のテーマに沿ってお伝えする内容はいずれも、「空間の中の旅」と「時間の中の旅」を背景にしていくことになると思います。「旅」のガイドは理論家でも歴史家でもない、一建築家であることははじめにお断わりしておかなくてはなりません。一建築家が経験してきた「空間と時間の旅」を語る一冊の本だと考えていただければ幸いです。

私自身の建築家の旅が本格的にスタートしたのは、一九七三年に渡仏し、一九七四年からパリの《ポンピドゥー・センター》のプロジェクトに参加してからです。その後パリとイタリアのジェノバ、トリノを中心に活動し、担当していた《関西国際空港旅客ターミナルビル》の国際設計競技に優勝した後、一九八九年から日本に活動の拠点を移しました。こうした自らの経験を背景にお話しますので、ヨーロッパ、特にフランスとイタリアが地域的対象になり、《ポンピドゥー・センター》と《関西国際空港旅客ターミナルビル》の二つのプロジェクトがしばしば登場することになります。

ヨーロッパで活動していた間、建築以外の領域のプロジェクト、自動車、船舶、家具などに関わった経験や、日本において《小田急ロマンスカー50000形VSE》をはじめとする鉄道関係、家具、照明などのデザインに関わってきた内容についても触れていきたいと思います。

建築はその時代の科学技術によって支えられ、時代の科学技術をどう形態と空間の中に溶解させていくかが建築家にとっての目標でもあります。表層的にスタイルやファッションとしての建築を語ることは、「創る」という視点からは意味の薄いものであると考える立場から、あくまでも構築の意志と方法を底辺において、この「空間と時間の旅」を歩んでみたいと思います。

本書は二〇〇四年にNHKの教養番組「人間講座」のテキストと、その後、二〇〇五年に出版されたNHKライブラリーをもとに加筆、再編成したものです。

空間の旅　可能性のデザイン　目次

図 1.1 《ポンピドゥー・センター》遠景　写真／著者

第1章　空間への旅

建築家の旅

ブルネレスキとローマ

イタリア中部のトスカナ地方の中心都市フィレンツェはルネッサンス発祥の地として知られていますが、このルネッサンス都市を眺望するにはアルノ川岸の丘にあるミケランジェロ広場か北郊外のフィエーゾレの丘が最適でしょう。眼の前に広がるフィレンツェの街の空を支配しているのは、《サンタ・マリア・デル・フィオーレ大聖堂》のクーポラ（ドーム）、ルネッサンスの華ともいえる巨大なクーポラは、六〇〇年の年月を感じさせぬほど生き生きとこの都市を表徴しています。

フィリッポ・ブルネレスキ（一三七七〜一四四六）、建築史における最も偉大な建築家といわれるこの人物は、金属細工職人として活動しますが、洗礼堂の扉の製作を巡るトラブルの後、一時フィレンツェを離れしばしばローマへと旅をします。ローマ滞在の間、彼の関心は彫刻から建築へと移っていき、ローマ建築の構築の方法の研究に力を注ぎます。この成果がもとになり、フィレンツェの空に

図1・2　フィレンツェ《サンタ・マリア・デル・フィオーレ大聖堂》のクーポラ　写真／著者

君臨する大クーポラが生み出されます。

今日の私たちにとっては、ブルネレスキがローマを訪ね、石造建築の構造を見抜いた上でその一歩先に進んだように、ブルネレスキの建築空間と彼が歩んだ歴史を旅することで大空間成立の方法を知ることができます。そこには構造的な力の流ればかりではなく、自ら透視図法を見出し、それを用いて空間を構築していった驚くべき発明が見出せるからです。一〇〇年後、ブルネレスキのクーポラの業績は、ミケランジェロによるヴァチカンのクーポラに受け継がれます。

ルネッサンスの新たな建築空間の生成にモデル（模型）、精密な木製モデルが形態、空間、そして構法を決定するために果たした役割は大変重要でした。材料力学、構造計算、コンピューターがなかった時代には、モデルが建築家の最大の道具であったことは確かです。各章のテーマの中でも「モデルとシミュレーション」についてお話することになりますが、モデルの重要さは、コンピューターが利用できる今日においても変わらないと私は考えています。モデルは建築をつくりだすプロセス「時間の旅」の道具、大切なガイドでもあります。

近代の建築家たちの旅

地中海の世界は建築家の旅には欠かせない領域のようです。

近代建築運動の先鋒であり、今日も大きな影響力をもつスイス生まれのフランス人ル・コルビュジエ（一八八七～一九六五）の地中海への旅もまた、この建築家の生涯続く創造の糧となりました。

一九〇七年に、はじめてフィレンツェを訪れたシャルル・エドワール・ジャンヌレ、のちのル・コルビュジエは一九一一年、再び東南ヨーロッパに向けて旅立ちます。彼は一九六五年、死亡する一ヵ月前の七月に『東方への旅』と題して一冊の著書を出版しています。若い頃の旅、それも多くの糧をえた旅を、自らの精神の奥の秘密を語るためらいでもあるかのように最晩年、本に著したのです。旅で出会った建築と空間がル・コルビュジエの建築家としての創造に深く浸透していたことの証ではないかと思われます。旅の記憶の中で、フィレンツェの修道院とアテネのアクロポリスはとりわけ衝撃的に浮かび上がっています。

北欧のフィンランドで人間性あふれる近代建築への道を開いたアルヴァ・アールト（一八九八～一九七六）も、一九二四年、はじめてイタリアを訪れますが、このとき受け止めた広場と建築の造型、空間への感動、光と色彩、素材への記憶が、北の国の光の乏しい風土の中に暖かみのある人間的空間をつくり出そうとするアールトの生涯を通したテーマの源となります。アメリカ合衆国において精神性に富んだ高い質の建築を創り出したルイス・カーン（一九〇一～七四）は一九二八～二九年に一度、そして一九五〇～五一年にはローマに滞在し、イタリア、ギリシャ、エジプトなどを旅しています。二度目のヨーロッパの旅はカーン

図1・3　晩年のル・コルビュジエ。地中海沿岸のロックブリュンヌ地方の小さなアトリエにて　写真／LE CORBUSIER A CAP-MARTIN

を強力にイタリアへと結びつけて、その後のカーンの建築の方法を導いていきます。

ル・コルビュジエもアルヴァ・アールトもルイス・カーンも、旅の記憶を多数のスケッチで残しています。自らの眼で見、自らの足で歩き、身体全体で捉えた空間の光と形態の輝き、そして、どのようにそれが生まれたのかについての考察などをスケッチとメモで記録することは、旅の記憶を自らの中に沈澱させる最良の方法です。記憶は自ら記した一本の線からあざやかに蘇ってくるからです。

ル・コルビュジエが若いときの旅を晩年になって掘り起こしたときも、おそらく自らのスケッチブックの中の線がすべての知覚の記憶を思い起こさせてくれたことでしょう。

図1・4《ポンピドゥー・センター》一九七七年。ピアノ・アンド・ロジャース　写真／著者

時間の中の旅――プロジェクトのプロセス

《ポンピドゥー・センター》との出会い

旅が未知の人々との出会いをつくるように、プロジェクトのプロセスの旅においても新たな人間、見知らぬシステムや領域との出会いがあります。建築は一人でつくることはなく、多くの人々の協働の上に成り立っているからです。

今考えると《ポンピドゥー・センター》（ジョルジュ・ポンピドゥー芸術文化総合センター）のプロジェクトとの出会いは、私にとって本格的に建築家としての旅の始まりを意味していたと思います。このプロジェクトの中で多くの人々に出会いました。中心になっていた建築家レンゾ・ピアノ（一九三七〜）、リチャード・ロジャース（一九三三〜）をはじめ多国籍の建築家たち、ピーター・ライス（一九三五〜九二）やトム・バーカー（一九三六〜）といったイギリスのエンジニア組織ＡＲＵＰのメンバー、そして《ポンピドゥー・センター》の美術館の人々、音楽家ピエール・ブーレーズ（一九二五〜）をはじめとする《ＩＲＣＡＭ》（音響音楽研究所）のチーム。一九七四年から七八年まで、このプロジェクトに携わった間に建築デザイン、構造や環境技術、そして文化施設の内容と運営に関する知識など多くのことを学びましたが、どこか戦場にいたかのような記憶が残っています。

《ポンピドゥー・センター》が世界でも最初の大規模複合文化施設であったこと、国際公開設計競技で選ばれた案がきわめてラディカルな建築デザインでパリの街並みとは全く異なるものであったこと、技術的にも未知の部分を含んだ高度なものであったこと、それらに加え設計しながら施工が進む、日本では経験のないスケジュールで進行したことなど、多数の要因が、二〇代半ばの身には戦場のように緊張する日々であったと感じさせたのでしょう。

私が所属していた「ピアノ・アンド・ロジャース」はイギリス人、スイス人、日本人、アメリカ人、オーストリア人、イタリア人などの多国籍の建築家で構成

図1・5　左よりレンゾ・ピアノとリチャード・ロジャース
提供／ＲＰＢＷ

され、共通言語はフランス語と英語、最大の共通言語はスケッチと図面と模型。まだ建築家がコンピューターを使って図面を描く時代ではなく、進行する現場を追いかけながらデザインを決めていく作業は、素早く図面を描くためにサインペンを使って進められました。

スピーディにアイデアを考え、スケッチと図面をつくり出す競争ゲームを行っていたようにさえ感じられましたが、メンバーの中には三次元の複雑な形態を一気に書き上げる、天才的とも呼べるデッサン力をもった建築家もいました。理屈を語ることではなく表現することが、チームが前に進む基本となっていて、いわゆる調整やコミュニケーションの会議などはあまり行われず、図面とサインペンを使った打ち合わせがほとんどでした。

実質的デザイン解決と技術的解決がチームワークの要であったといえます。緊張の続いた日々でしたが、チーム全員の平均年齢が三〇歳を割る若さであったため、恐いもの知らずのエネルギーがすべてをポジティブな方向へと向かわせていたことは幸いでした。

こうした日々の中での楽しみの一つは、建築家とエンジニアがともにパリの中の歴史的建築を見て回ったことでした。

パリでは《ノートルダム・ドゥ・パリ大聖堂》のような一二〜一三世紀の建築に加え、一九世紀、鉄とガラスの時代の建築や橋など、建築のデザインと技術の

図1・6《関西国際空港旅客ターミナルビル》一九九四年。レンゾ・ピアノ・ビルディング・ワークショップ・ジャパン他。八万二六〇〇枚のステンレス・パネルで覆われた屋根　写真／樋渡貴治、提供／NOAN

辿ってきた足どりを目《ま》のあたりにすることができ、抱えているプロジェクトに対するヒントと勇気を与えてくれました。美術関係者、音楽、映画などの関係者との打ち合わせは厳しい側面はあったものの大きな知的刺激を与えてくれ、建築をどう生かして、でき上がった建築がどのような可能性で使われていくであろうかを深く考える契機になりました。

《ポンピドゥー・センター》の経験はその政治的、文化的、組織的、技術的な複雑度において、次のステップへの基礎をつくってくれたように思います。そして一五年後にプロジェクトがスタートし、今度は自分自身が全体のまとめ役の一人となって進めていった《関西国際空港旅客ターミナルビル》のプロセスの中で、何度も振り返ってみたのは《ポンピドゥー・センター》設立のプロセスでした。

大空間をつくる

《関西国際空港旅客ターミナルビル》は、総長一七〇〇メートル、屋根面積九万平方メートル、延べ床面積三〇万平方メートルを越える超巨大な建築です。天井の高さは二八メートルに至る部分もあり、その大空間が連続して仕切りなく広がっています。

紀元二世紀に生まれたローマのパンテオンから、ゴシックのカテドラル、ビザ

図1・7《関西国際空港旅客ターミナルビル》の内観。ウイングの搭乗ゲートラウンジ　写真／細川和昭、提供／NOAN

ンチンの教会、ブルネレスキのフィレンツェのクーポラ、ミケランジェロのヴァチカンのクーポラなどが石造の限界の中でつくり上げてきた石の大空間、そして鉄とガラスの時代のガラスの大温室や、一九世紀から二〇世紀初めにつくられたヨーロッパ鉄道駅の大空間、こうした大空間の系譜が歴史の中に輝くように存在し、その姿を残しています。

今日、私たちが生み出せる大空間とはどのようなものでしょうか。空港のターミナルビルは大型航空機による大量移動時代の到来によって、過去の大空間をさらに越えるスケールになっています。《関西国際空港旅客ターミナル》もまた、世界の空港ターミナルの空間としては最大クラスのものになります。

この巨大な空間に人間らしいスケール感覚が与えられないか、ほっとするような空間がつくり出せないかということが、この建築のデザインが目指そうとした根底にあるテーマでした。

開放的な明るさがありながら包まれる暖かさをもつ空間、方向性がはっきりとつかめ、見通しよく透明性にあふれた空間、ここを訪れた旅客が安心できる、やわらかい光に包まれた空間、それらをどう実現していくことができるか。そのための挑戦はコンペティションから始まり、基本設計、実施設計を通して続き、現実の建設の中でさらに精査され実現へと結びつけられました。構造システム、構造部材のディテール、ガラスや外装の仕組み、色彩、家具など、すべてにわた

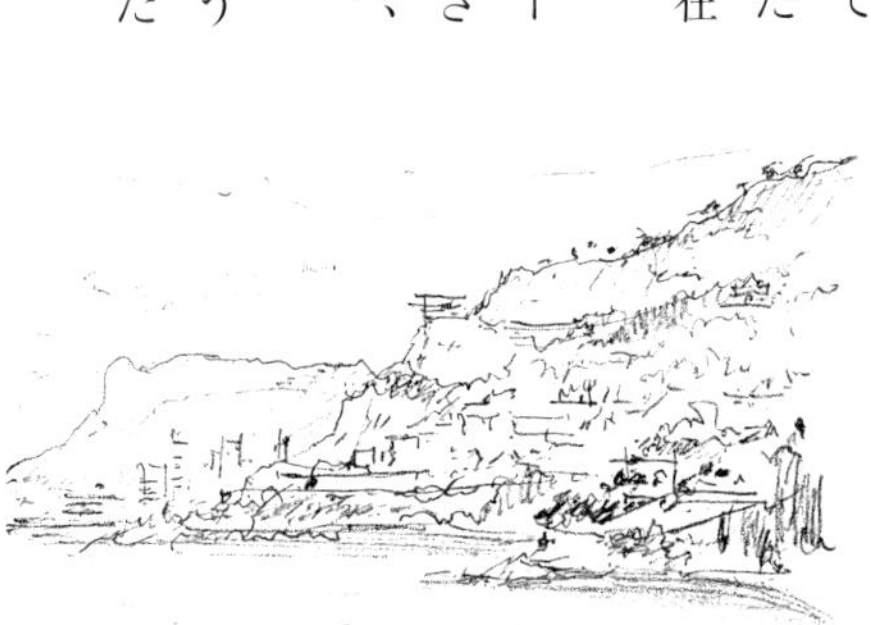

図1・8　カップ・マルタンの海岸のスケッチ　図版／著者

る検討が「人間性あふれる空間」を目指して進められました。《関西国際空港旅客ターミナルビル》のプロセスについては、第8章で詳しくお話しします。
現在、私たちは過去にはなかったコンピューターによる技術力を手にしていま す。この力をどう使いこなし、人間のための空間を的確につくっていくのかが、今日の建築の課題だといえます。巨大で単に効率のよいだけのヴォリュームではなく、その先にあるものをつくり出すことが人間のための環境をつくることに課せられた今日のテーマであるといえます。

第2章以降では、それぞれのテーマでいくつかの歴史の中の建築空間を手がかりにして、時間を超える空間の質を探究するとともに、人工環境をつくり出すための方法と、今日私たちが提案し、創造していかなくてはならない環境の設計の方法を模索していきたいと考えます。対象とする分野は建築のみならず展示空間デザイン、車輌、船舶などのデザイン、橋梁デザイン、ランドスケープデザインなどにも広げていきたいと考えています。

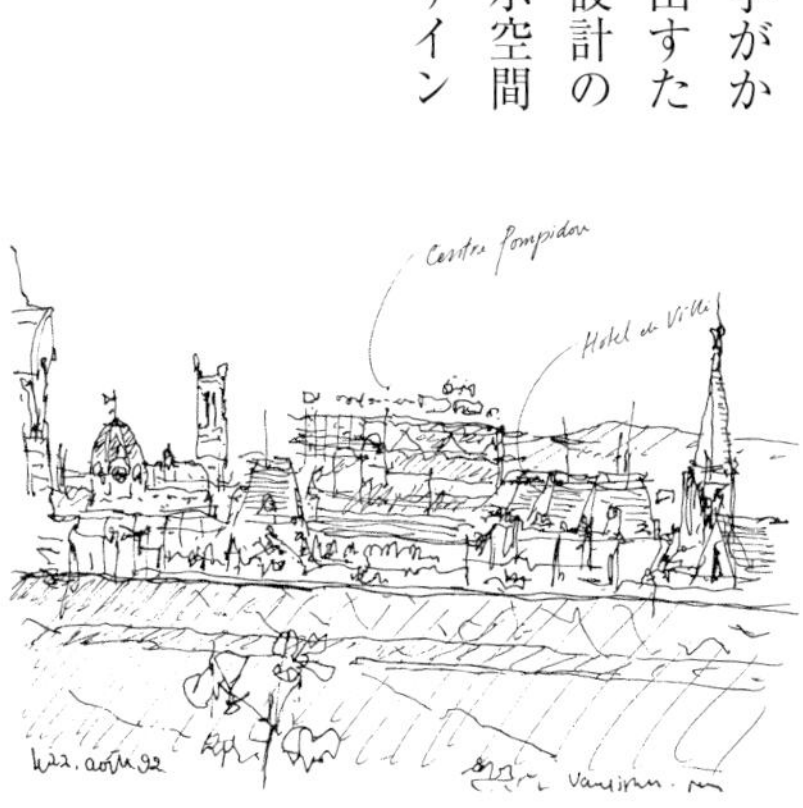

図1・9《ポンピドゥー・センター》のスケッチ　図版／著者

図 2.1 《マイレア邸》の居間　写真／著者

第2章　住の空間

住空間は、建築の中で最も身近で最も長い歴史をもちます。そして地域と時代の中で多くの異なった展開をすることで、様々なデザインの住居が存在してきました。同時にグローバル化する世界の中で、どこにでもある住居のタイプも生まれています。住居の歴史は、近代の都市が爆発的な人口の集中によって巨大化する一九世紀以降、大きく変化をしてきました。こうした近代、現代における住空間の変容を見つめてみることと同時に、単なる住宅の機能として「住の空間」を考えるだけでなく、住まいのもつ精神的な空間の意味についても考えていきたいと思います。

住居――住空間――について設計に携わる建築家としては、敷地や地域性、気候等に配慮し、住まい手の要望、住空間のもつべき機能性等を考える前提条件に加え、建築がもつ本質的な空間のあり方に心を向けたいと考えます。そうしたとき、いくつかの住居が一つの原点、いわば始原的な住空間として私の脳裏に浮かんできます。住空間について語る最初のテーマとして、こうした私にとって始原的と感じられる住空間を取り上げてみたいと思います。いずれも近代建築の時代に建てられたアノニマス（無名性）的といっていいほど飾り気のない住居です。内部にはミニマムな家具しかなく、住居の内部空間に独特の精神性を感じるとともに、そこから外部の風景を見つめる住人の眼差しが伝わってくる世界が存在しています。

始原的な住空間

《カサ・マラパルテ》

はじめに取り上げるのは、地中海の孤島、イタリア・ナポリの沖に浮かぶカプリ島のマスロ岬に建つ、《カサ・マラパルテ》（マラパルテ邸）です。

カプリ島は東西六キロメートル、南北三キロメートルほどの小さな島です。海抜六〇〇メートルのソラーロ山が急激に海の青の中に落ち込む険しい地形で、浜辺もほとんどないまさに孤島。どのシーズンに行っても、花々のある美しい世界がそこに展開しています。このカプリ島の地形と風景の中に打ち込まれた真っ赤な「くさび」のような近代建築が《カサ・マラパルテ》です。小さな岬の頂上一杯に広がる赤い量塊はあまりにも衝撃的に視界に飛び込んでくるため、一度目にすれば決して忘れることはできないでしょう。二〇代の前半、はじめてヨーロッパに向かった折にナポリから船で辿り着いたカプリ島、歩き回った急坂の木陰から紺碧の海に突き出たマスロ岬の赤い住居を目にしたときの感動は、今でも思い起こすことができるほどです。
《カサ・マラパルテ》へのアクセスはきわめて限られていて、ボートを使うのが常であったと思われます。空に向かって開かれていく、手摺もない階段が屋上へと続きます。まるで古代文明の神殿へと登るかのようです。手摺のない屋上からの前方視界には海と空しか存在せず、浮遊する身体は消え、精神のみが自然の青の世界に取り残されるような気持ちに導かれます。

この建築には、長い歴史の中にあった石や土で構築された無名性があり、古代から綿々と流れる建築の存在意志が感じられるとともに、近代という時代性も密かに見通せるところがあります。内部は二層で、長方形のヴォリュームには三つの方向に向かってくり貫《ぬ》かれたいくつかの四角の窓が開けられ、窓枠の目立たない抽象的な開口部からは海と空の風景が切り取られ、住空間そのものが消えて風景の中に溶解していくかに思われます。この作品はここの住人、近代イタリアの重要なジャーナリストで、作家でもあったクルツィオ・マラパルテ（一八九七～一九五七）の意向を、当時のイタリアの代表的建築家であったアダルベルト・リベラ（一九〇三～六三）が協力して実現したものです。

激しく地形に交叉し突き刺さりながら、自然の地形と風景が一体化するこの建築のもつ激しさと同時に存在する静けさには、どの建築からも、いかなる住居からも受けたことのない衝撃が存在します。ファシズムの時代とその後を屈折して

図2・2 《カサ・マラパルテ》一九三八年。アダルベルト・リベラ 写真／久富敏明

図2・3 海上から《カサ・マラパルテ》を見る 写真／久富敏明

生きた精神が、この建築に複雑な歴史の影となって存在します。《カサ・マラパルテ》はその物理的象徴として自然と関わる形態と、自然を切り取って存在する内部空間によって、深く記憶に残る建築、そして「住の空間」として、私の内に沈澱していきます。マラパルテは「この家は私だ」といっていました。一人の人間の精神そのものが形と空間になった住居、それゆえ、他にはありえない力をもつ建築だといえます。フランス映画の巨匠ジャン＝リュック・ゴダール（一九三〇〜）が監督し、ブリジット・バルドーやミッシェル・ピコリによって演じられた映画『軽蔑』（一九六三年）は、この《カサ・マラパルテ》を主舞台として撮影されています。原作はファシズム時代に執筆を禁じられ、カプリ島に閉じこもっていた小説家アルベルト・モラヴィア（一九〇七〜九〇）によるものです。映画の中では空に浮かぶテラスや、水と空の青を切り取る四角の窓の生み出す、抽象的で深い精神性を感じさせる住空間の世界を撮影の名手ラウル・クタールの映像で見ることができます。これほどまでに深々と見る者の心に沁み込んでくる住空間の存在を私は知りません。

「住の空間」を考えるときはまず《カサ・マラパルテ》が頭をかすめます。トラウマから逃れられることはないでしょうが、経験したことのなかった存在を知ることは、新たな建築を創り出そうとするときにはつねに勇気を与えてくれるものです。

《カップ・マルタンの休暇小屋》

近代建築家の中で最も世界中に影響を与え、今もなお影響を与え続けている人物を選ぶとしたら、建築家と歴史家の誰もが疑いなくル・コルビュジエの名をあげるでしょう。

建築の実践や近代都市計画の提案に加え、多くの著作を残し、かつ画家としての制作も生涯続けた恐るべきエネルギーの持ち主が、最も愛した場所が南フランス、イタリア国境に近い地中海沿岸のロックブリュンヌの地域でした。「私はここが好きだ。私はここで死ぬだろう」。その言葉通り、ル・コルビュジエは一九六五年、ロックブリュンヌにあるカップ・マルタン（マルタン岬）の海岸で遊泳後、浜辺で心臓発作を起こし他界しています。心臓の衰弱は予測されていたので、今から考えれば自殺にすら見えてくるでしょう。あまりの激しい生き方、止まることを知らない精神が確かな疲れを感じていたのかもしれません。彼は自らの死の八年ほど前に、妻イヴォンヌを亡くしています。「あんなに失望し、泣き続けたコルビュジエを見たことはなかった」。ル・コルビュジエの協力者の一人シャルロット・ペリアン（一九〇三〜九九）が語ってくれました。

海岸の崖を上がったところに小さなレストランがあり、その脇に隠れるように建てられた小屋で、ル・コルビュジエが夏の時間を過ごした「住の空間」です。四メートル×四メートルほどの小屋は、一九五〇年、工法は在来のもので地元の

図2・4　《カップ・マルタンの休暇小屋》一九五〇年。ル・コルビュジエ　写真／著者

図2・5　アトリエの窓から地中海とロックブリュンヌを見る　写真／著者

大工さんの手でつくられました。この住空間はル・コルビュジエの考えた建築空間の小さな実験室で、彼が唱えた建築のプロポーション、空間の割り付けの比例方法（モデュロール）によって設計され、窓は視界の取り込みと空気の流れをよく検討した上で位置も大きさも決められています。最小限のスペースがどのように組み立てられるか自ら体験し、確かめ続けた場所です。私がより一層興味深く観察したのは、夏の住居から一〇メートルほど離れたところにある彼のアトリエで、小屋の半分ほどの面積しかないこのアトリエは、小屋をつくるための現場小屋を改装したものです。その極小スペースに入って素朴な窓（どこにでもある既成の木製枠の窓）を開くと、目に入ってくるのはロックブリュンヌの岩山が地中海の海へと落ちていく力強い自然の造形です。

建築と都市に対する膨大な思考の作業の多くがこの風景と対峙する中から生まれてきたのかと考えると、背筋を突き抜ける光を感じるような思いにとらわれます。実験小屋と小さなアトリエ、何もないといっていい小空間と窓の風景、創造に向かって生きる精神の「住の空間」がそこにあると感じられるのです。

《コエ・タロ》――アルヴァ・アールトの夏の別荘

フランスにおけるル・コルビュジエの近代建築への挑戦、ドイツのバウハウスによる新たなデザイン教育と実践、オランダのデ・スティル（新造形主義）、旧ソ連における構成主義、そしてイタリアの未来派運動。ヨーロッパを中心に一九二〇～三〇年代には近代建築運動や近代デザイン運動があちこちで活発に展開されましたが、北欧、特にフィンランドにはこうした運動は少し遅れて到着します。多くの近代建築運動に共通した装飾のない白い壁とガラスで構成された建築の形態と空間は、抽象絵画のように新しい感覚を表示しましたが、やがて、その方法が固定化とドグマ化していく過程を歩むことになります。近代建築の「白い構成」が高揚している時期に、北の国フィンランドから遅れてやってきた近代建築がその人間性あふれる表現と空間性をもって、先行するヨーロッパ中央の近代建築に異なった方法を突きつけました。一九三七年のパリ世界博覧会における《フィンランド館》、その建築家がアルヴァ・アールトです。アールトは近代建築の空間構成を用いながらフィンランドの自然と呼応した形態と、人間にやさしい感覚をもたらす内部空間のデザインを追求し、新たな道を築いていきます。

フィンランドの最南端に位置する首都ヘルシンキは、日本付近に比較するとはるか北方カムチャツカ半島の付け根あたりにあたる高緯度にあります。白樺の林と無数の湖、低い太陽、寂しさを消せない北の風景の中にアールトは、若くして訪ねた地中海の暖かい光の中の形態、空間、素材から来る輝きをもちこもうと多くの試みを行い、生涯を通してこのテーマを追いかけました。《コエ・タロ》（夏

図2・6　《コエ・タロ》一九五三年。アルヴァ・アールト　写真／著者

の別荘）はこの付近の《セイナツァロ町役場》の設計に従事していた時期に建てられています。小さな町役場とこの別荘には、中庭や内部空間の構成に同様の探求が見られます。いずれの計画においても、北の風景と内部空間に暖かさをもちこむことが追求されています。

五月初めのフィンランドにはまだ雪も氷も残り、明るくなった陽射しだけが夏の予兆を告げています。そんな季節にこの夏の別荘を訪れました。まだ別荘は閉じていましたから、低い柵を越えて凍った雪の残る坂道を下り、湖面に近いところまで来ると、林に組み込まれて何気なくたたずむ住居の連なる壁面が見えてきました。坂の上から低い住居の壁が続き、坂を下って湖近くになると、大きな白い壁となってそびえています。壁はレンガ敷きの庭を囲んでいます。庭には焚火のための四角い穴がその中央に空いていて、夏、屋外の居間となる空間がつくられています。この周りの壁面に様々な組み合わせでレンガと白と青のセラミックタイルがはめ込まれているのは、フィンランドの建築に光の輝きと暖かさを加えたいと考えていたアールトが、素材と色彩、その構成の実験をこの壁面でしていたことを伝えてくれます。北の国に新たな視覚と触覚を生む建築のディテールをつくり出そうと考えていたのです。

住居はこの庭の単位から後に拡張されていきますが、この外部空間の居間はアールトの思考の原点であるように感じられます。外部の居間の入口からは二つ

図2・7《コエ・タロ》の壁面
写真／著者

の壁面が湖の風景を切り取り、住の空間と水平に広がる湖の風景がそれに呼応します。住居からさらに下って湖に沿っていくと、水辺に小さなサウナ小屋が見つかります。サウナの小窓からは林の中に建つ夏の別荘が覗け、アールトはサウナに入りながら別荘の建築を眺めていたのだなと想像したくなります。

アールトの建築のもつ空間に入ると、そこにアールトがじっと立ってやさしく見つめてくれているような思いになることがあります。おそらく、彼が求めた建築の意味がその場に行くと自然と見出せるからでしょう。アールトの建築には、日本の伝統建築がもっている細やかなリズムと質感を感じます。冬のある日、ヘルシンキにあるアールトのアトリエで図面の調査を行った折、多くの日本の建築についての出版物が書棚にあるのを見つけました。

偶然のことですが、アールトの《コエ・タロ》とル・コルビュジエの地中海の小屋は、ほぼ同じ時期に建てられています。二つとも質素な空間の中に創造への気配が感じられるところは共通しています。

以上、三つの始原的と名づけた住空間は、決してそのまま現代の住居の設計の参考にできるものではないでしょうが、そこにある空間性は、ものと設備で埋め尽くされている現代の住居の計画を始める前に必ず振り返ってみたいものです。

読者の皆さんがご自分の住空間を考えるとき、こうした始原的空間の存在をぜひ知ってほしいと思います。質素な住居の中にある意味を考えたとき、いかなる風景の中でも自分にとって意味あるものにつくりあげることは可能であると思います。近代建築の中で、様々な開拓をしたル・コルビュジエやアルヴァ・アールトが、この原点に立つ簡素な世界を大切にしたことを記憶していただけたらと思います。

近代建築の住空間――その多様な試み

《クリスタルパレス》(水晶宮、一八五一年、ロンドン)や《エッフェル塔》(一八八九年、パリ)を生んだ一九世紀から二〇世紀初めの時期が、万国博覧会の鉄とガラスによる大胆な建築物に代表されるようにエンジニアリングの時代といえるのに対して、一九二〇年代から第二次世界大戦後の近代建築の時代は、住空間をテーマとした住宅建築の時代といえるかもしれません。

エンジニアリングの時代がもたらした鉄とガラス、鉄筋コンクリートなどが一般的な住居や集合住宅、オフィスビル等に応用され拡大されていった時代で、多くの建築家たちが「近代建築」の名のもとに提案や実践を行ってきました。近年ではポストモダンの掛け声のもとに近代建築の教条主義的側面が強く批判される傾向がありましたが、最近ではポストモダン主義の中にある曖昧さや安易な古典主義の未熟さ等が逆に批判され、近代建築の中にあった多様な追求をもう一度見直し、拾い出してみる試みや、現代の社会変化を見つめ、今日の技術力を踏まえた上でのより本格的なポストモダンのあり方を探す状況が生まれています。

ここでは近代建築が生んだ多様な「住の空間」の展開の中から、いくつかの突出した作品を選んで触れてみたいと思います。

ガラスの家——《ダルザス邸》

パリの左岸、七区サン・ギローム通りにある《ダルザス邸》ほど、近代を飛び越して現代へと直結する住空間はないでしょう。近代建築の時代が含んでいる多様性の証といっていい建築です。

建築といっても、隣接するアパートによって二つの側面は壁で囲われており、古い石づくりの建物の三階部分を残し、一階二階をくり貫いて挿入されてできた空間がこの《ダルザス邸》です。いってみれば形のない住居、形態を見せないこの建築が近代建築の住空間の中でも珠玉の名作といわれるのは、この住空間が今まで西洋の建築が経験したことのない、拡散し均質に広がる「光の空間」の存在を内包していることによっています。

はじめてこの「光の空間」に足を踏み入れたのは、パリで《ポンピドゥー・センター》（当時はまだボブール・センター、フランスではサントル・ボブールと

図2・8 《ダルザス邸》一九三二年。ピエール・シャロー　写真／著者

図2・9 《ダルザス邸》三階より二階サロンを見る　写真／石田俊二

呼ばれていました）の設計チームに加わっていた一九七四年頃でした。《ポンピドゥー・センター》の設計チーム、ピアノ・アンド・ロジャースのメンバーと、技術集団ARUPのメンバー、フランス政府側のメンバーが時折企画していたパリの建築探訪の機会でした。

パリの繁華街から路地に入り大きな門のくぐり戸を抜けると、石畳の庭の奥に石づくりの壁にはさまれた、細やかに光を返すガラスの壁が立ち上がります。突然抽象的で非物質的ともいえる風景が眼の前に現れます。

《ダルザス邸》は家具デザイナーとして知られたピエール・シャロー（一八八三〜一九五〇）が、一九二七年から一九三二年にかけて建築家ベルナルト・ベイフォートの協力を得て友人の医師（産婦人科医）ダルザス夫妻のために設計建設した住空間です。既存の二層分を取り除いた空間には、鉄骨構造による三層の空間がはめ込まれています。前後は一面にガラスブロックによる壁が取り付けられています。一階には診察室と事務空間、二階には三階まで吹抜けのあるサロン、三階には家族のための住空間が配置されています。

玄関を入り、黒いレースのカーテンのような穴空きスチールパネルの扉を抜けて、軽やかなゆるい勾配の鉄骨階段を上がって二階のサロンに辿り着くと、不思議なほど明るい光に満ちた大空間が現れます。二つの壁に囲まれた不利な条件を、シャローは残りの外壁全面に当時開発されたばかりのサンゴバン社製、

図2・10　《ダルザス邸》二階のサロンより三階を見る　写真／石田俊二

ネヴァダ・タイプのガラスブロックを用いることで驚くほどの採光に成功しています。

サロンの大空間を光で満たしているガラスブロックはほとんど一体化した光の壁として感じられ、ガラスそのものの物理的存在を忘れるほどです。

はじめてこの空間に出会ったときの私の印象は、京都の白い玉砂利の石庭の輝きを障子を通して感じるような、あの白い光に満ちた空間との類似でした。ヨーロッパではじめて出会った、半透明の光に満ちた空間でした。

シャローはきわめて正確な構法とディテールの処理で、この空間を完璧といえるほどに仕上げています。図面以上に現場での思考と工夫がなされ、金属職人ダルベの卓抜な職人技によって昇華されています。換気窓などの開口部は一体化した光の壁をつくり出すため、このガラスブロックの面を避けて取り付けられ、連続した鋼板の開口装置によっています。今日、私たちが省エネルギーで持続性のある建築を設計するときに考えるべきテーマ、高気密性と優れた通気操作が、ここではすでになされています。四年という住宅建設にとっては長い時間と十分に注ぎ込まれた資金は、ガラスブロックの徹底した実現とともに電気システムや暖房システムの組み込み、いくつもの異なったデザインの階段、今見てもハイテクなトイレや収納の家具など、優れたデザインの価値に投入されています。この住空間の中にあるこれらのすべての要素が、ガラスブロックを通した光の中で生き生きと輝いて見えます。

シャローはこの《ダルザス邸》以外にもわずかながら建築を手がけていますが、《ダルザス邸》と比較できるものではないといえます。このたった一つの建築が彼の作品と呼べるものであったとしても、この一つの作品が今の私たちにまで伝える貴重な「住の空間」の贈り物であることに変わりはないのです。

《ダルザス邸》は訪れた者の記憶に浸透し、「光の空間」の質は受け継がれていきます。《ポンピドゥー・センター》建設当時にここを訪れた、リチャード・ロジャースやレンゾ・ピアノにもいえることです。ロジャースはロンドンの《ロイズ保険会社本社ビル》で、ピアノは銀座の《メゾン・エルメス》で、それぞれ異なった方法で《ダルザス邸》の「光の空間」を再現しました。

《サヴォア邸》とル・コルビュジエ

パリ西郊外のポアシーに建つ《サヴォア邸》ほど、多く語られ、今日なお語り続けられる住宅建築は他にないでしょう。宙に浮いた白いヴォリュームの抽象的表徴、そして内部に組み込まれた動きと速度を感じさせる流れる立体的空間構成は、近代建築という時代の枠を超え、現代をも突き抜けた永続性を獲得しているように思えます。ル・コルビュジエは三四の住宅作品を実現していますが、この《サヴォア邸》ほどいずれもが空間構成の新たなる試みを提示していますが、この《サヴォア邸》ほど激しく歴史の時間の中に突出した存在はないでしょう。全く新たな建築の方法と要素によってできていて、それらが効果的に結びついてバランスを取っているといえます。

八〇年を超える歳月の間に多くの解説や解釈がなされてきましたが、この建築が生み出した突然変異的意味のすべてを解き明かしているとは思えません。均整な古典の建築のもつ姿を宙吊りにして、近代に人間が獲得し始めた速度、加速度の感覚を挿入した空間を表現している建築とでもいえばよいのでしょうか。ル・コルビュジエは自分の記憶の中に沈澱させた過去の様々な建築空間の意味のみならず、急速に変化していく都市の中の動きと速度を捉え、それらを《サヴォア邸》という住居の一つの箱に閉じ込める。何か無限のパズルが隠されているかのような住空間です。

抽象的な言い方になりましたが、実際にこの住居の中を歩き回ってみて、様々な視点からこの住空間を観察してみることは実に楽しいものです。発見だらけの白い箱なのです。ル・コルビュジエは近代建築の五原則（①ピロティ、②屋上庭園、③自由な平面、④水平な連続窓、⑤自由な立面）を唱え、まさに《サヴォア邸》はその体現化といえるのですが、それ以上に、この建築の存在自体が遥か先の時代へと飛んでしまっているというのが率直な感想です。

ル・コルビュジエはこう語っています。

図2・11《サヴォア邸》一九三一年。ル・コルビュジエ　写真／著者

「音楽は時間によって展開する。建築も音楽と同じなのだ。建築は一時的に見られれば済むというものではなく、周りを回ったり、振り向いたりして見られる。人の目は頭の周りではなく、前についている。設計するときは、人々が歩き回ることを考えねばならない」

《サヴォア邸》についてル・コルビュジエ自身が語った言葉はわかりやすいものですが、私にはこの作品はル・コルビュジエの思考さえも超えてしまった「何か」に思えてなりません。

《E1027》――アイリーン・グレイ

《ダルザス邸》《サヴォア邸》とともにフランスにおける近代建築の「住の空間」として重要な作品は、アイルランド出身の女性建築家アイリーン・グレイ（一八七八〜一九七六）設計のヴィラ《E１０２７》でしょう。《E１０２７》はグレイと共同設計者、ジャン・バドヴィッチの名前に由来しています。[*1] ル・コルビュジエの《カップ・マルタンの休暇小屋》のすぐ近くに位置します。ヴィラが建てられたのは一九二六年から一九二九年。グレイの才能が、爽やかな空間デザインからシャープな近代的家具のデザインに生き生きと表れています。一九八五年に訪ねた折には、打ち捨てられて入ることができず、一九三〇年、当時の建築雑誌『AA（アーキテクチュール・ドージュルドゥイ）』を通して内部

図2・12《E１０２７》一九二九年。アイリーン・グレイ
写真／AA No.1

＊1 「E」はEileen、10はアルファベットの一〇番目J（Jean）、2はB（Badovici）、7はG（Gray）。

の空間を想像することができるだけでしたが、建てられた当時の色彩計画に至るまでの詳細な調査を経て、修復が進み、二〇一五年には船上のテラスのようなこの住空間を見ることができそうです。ピロティでテラスとともに浮き上がる白く水平のヴォリュームは、《サヴォワ邸》とともにモダニズムの象徴的存在です。

アイリーン・グレイはシャルロット・ペリアンとともに、近代の女性デザイナーのパイオニア的存在です。プライベートな作品が中心であったこと、ル・コルビュジエとの確執があったことなど、いくつかの理由で広く知られる機会が少なかった作家ですが、二〇一三年に《ポンピドゥー・センター》で大回顧展が開かれました。日本人の漆作家の菅原精造や、彫刻家、家具師の稲垣吉蔵とともに製作した繊細で美しい家具などが超モダンな家具とともに展示され、その多才さに驚かされました。グレイもペリアンも日本の美の世界と関わり、近代のデザインをつくり上げたパイオニアであったわけです。

《マイレア邸》——アルヴァ・アールト

《マイレア邸》は針葉樹の林の中にひっそりと存在します。住居のヴォリュームはいくつかに砕かれ、表面を異なった素材で分散され覆われることで、主張する建築の形をもっていません。静かな音楽の調べのごとく、重ね合わされ不規則に

図2・13　《マイレア邸》一九三九年。アルヴァ・アールト　写真／著者

組み立てられたヴォリュームと細やかな板目の仕上げがリズミカルに視覚に飛び込んできます。垂直に伸びて重なり合う樹木の背景に《マイレア邸》は溶け込んでいるようです。

誇張のない外観から水平に突き出た庇が玄関ポーチの屋根です。庇の下の少し薄暗い影の中から細かな立板で構成された扉を開けると、幾度も写真で見たあの流れるような居間の空間が四段のステップの上に広がっていました。床には赤い磁器タイル、天井にはアールトが好んで用いる幅の狭い木の板が仕上げ材として張られ、鉄の柱に籐が巻かれています。二階に上がる階段の側面には幾本もの木の丸棒がリズミカルに取り付けられ、空間全体があたかも林の連続であるかのような印象を与えます。内なる林は外のひんやりとした自然の寒気とは正反対のやわらかく暖かい感覚で満たされています。

L型の平面配置は外部の庭と向かい合い、居間の反対側にサウナ小屋とプールが置かれています。居間の横にある小さな個室には自然の素材がふんだんに使われ、アジア的でも日本的でもあります。細かな縦格子のガラス戸から見える庭の風景は、日本の寺院建築で北庭を望むときのように感じられました。《マイレア邸》はL型の単純な平面にかかわらず、いくつもの異なる空間ヴォリュームと、壁・柱・階段などの細やかなデザイン、内部・外部の仕上げの材料の多様性によって、複雑な均衡といえる豊かな空間性を獲得しています。

図2・14 《マイレア邸》の内観。入口ホールより居間を見る
写真／著者

プロポーション、幾何学性、構成の明確さにこだわったル・コルビュジエの方法とは全く対比的な有機的とも呼んでいい形態と空間の創造がアールトには見出せます。ル・コルビュジエの建築が強いメッセージ性をもつのに対し、アールトの建築にはそうした側面は定かではない代わりに、実際にその空間に包まれたとき、知覚が受け止めるものは大きいように思えます。アルヴァ・アールトとル・コルビュジエは、様々な点において近代建築を補完し合っている存在なのではないでしょうか。

《ジャン・プルーヴェ自邸》と《トロピカルハウス》

ジャン・プルーヴェ（一九〇一〜八四）はル・コルビュジエと同年代を生きた発明家的デザイナーで、ル・コルビュジエにも大きな影響を与えた人物です。スチールプレート（鋼板）を用いた軽量建築や家具のデザインを試みたのみならず、自ら工場を経営し、建築の工業化への道を切り開くことを目指しました。彼が《ポンピドゥー・センター》の国際公開設計競技の審査委員長であったこともあり、また私が所属していたレンゾ・ピアノのオフィスがプルーヴェのパリの自宅兼オフィスと近かったこともあって、幾度かお目にかかることもありました。短く刈り上げた白い髪は、先鋭な彼の態度を証明しているようでしたが、優しい眼差しは今も思い浮かべることができます。お孫さんのニコラをオフィスのスタッフと

図2・15《プルーヴェ自邸》一九五四年。ジャン・プルーヴェ　写真／著者

して預かった関係で、当時すっかり打ち捨てられていたナンシーにあるプルーヴェの自邸を見る機会を得ました。

急な斜面で、建設機材や建築材料を車で持ち上げられない場所にプルーヴェの自邸は建っています。それゆえ、二人の人間で運べるように部材を設計してつくり上げられているわけですが、ドア、窓、壁……すべてにまるで乗用車や鉄道車輌のような精密なディテールが施されています。

プルーヴェの建築の優れているところは、プレファブがもちやすい安っぽさや軽さを感じさせない部材間の秩序ある組み立て、平面ののびやかな構成、ヴォリュームの確かなプロポーション、そしてどこか航空機のような斬新なスマートさがあることです。もちろん精密なディテールの処理は、手に触れる人間の感覚をよく見極めたものになっています。ル・コルビュジエの作品の中にも、プルーヴェが協力した要素が見出せます。《ユニテ・ダビタシオン・ドゥ・マルセイユ》の住戸内階段のデザインはプルーヴェです。

プルーヴェの住宅の傑作の一つは、猛暑のアフリカ向けに小型輸送機で運べ、自然換気を用いた環境制御のシステムをデザインに組み入れた《トロピカルハウス》です。今もアフリカのどこかに一つか二つは残っているかもしれないと息子のクロードがいっていましたが、図面を通して見ても実に美しい軽量プレファブ住宅で、今日にも通じる省エネ住宅です。近代建築が形態、空間、機能の革新と

図2·16《トロピカルハウス》一九四九年。ジャン・プルーヴェ
写真／JEAN PROUVE constructeur

並行して、技術的革新を目指していたことはジャン・プルーヴェの存在によって確かなものとなっています。

アメリカ合衆国と近代住宅

フランク・ロイド・ライト（一八六七～一九五九）は、波乱に富んだ人生と、住宅建築から大規模公共建築の膨大な実作、計画案によって、ヨーロッパ、日本、世界に影響を与えた建築家ですが、その多くの作品の中で際立っているのが住宅建築の《落水荘》でしょう。森の緑の中、滝の直上にダイナミックな水平線の重層で構成されたこの住居は、近代建築の視覚の記憶に焼きつくものとして永久に残るでしょう。外部の自然と内部の空間を結びつける方法の巧みさは、比類を見ないものです。ライトが積み重ねてきた草原住宅の平面の流れる構成が、《落水荘》では重層し、律動的な世界を創り上げています。

ドイツから亡命し、アメリカの近代建築の礎を築いたといえるミース・ファン・デル・ローエ（一八八六～一九六九）の《ファンズワース邸》は、古典美を透明な現代性へと昇華し尽した作品です。住居でありながら庭の自然に浮かぶ透明な舞台の現存……。

第二次世界大戦後のアメリカの住宅建築の中では、まず、建築家、家具デザイナー、映像作家であったチャールズ・イームズ（一九〇七～七八）、レイ・イームズ（一九一二〜八八）の自邸に注目します。自分たちの手で組み上げ、時間をかけて日常の豊かさを創り上げていった楽しさあふれるイームズ夫婦らしいデザインのアトリエ的住空間です。夫婦の手による『ＨＯＵＳＥ』と名付けられたこの住居の記憶映像から、住空間を自らがつくり上げていくプロセスを知ることができます。

リチャード・ノイトラ（一八九二〜一九七〇）は「健康住宅」と呼ばれる軽やかで明るく開放的な住宅建築を、軽量鉄骨を用いた構成でデザインしています。ノイトラの建築のもつ明るさ、明快さは戦場となり病弊したヨーロッパの建築家たちにある指針と勇気を与えてくれたのではないでしょうか。フランスの建築雑誌『ＡＡ』では、一九四六年にノイトラ特集を企画し、ノイトラからのフランスの建築家たちへの暖かいメッセージが冒頭に掲載されています。

西海岸を中心に試みられたケース・スタディ・ハウスという名で呼ばれた住居計画の多くが、ローコストでありながら快適な住空間の質とフレキシビリティを求めていました。発明家、建築家であり思想家でもあったバックミンスター・フラー（一八九五〜一九八三）の影響も、この時代のデザインの背景にあったと思います。

近代建築の次の世代――ルイス・バラガン

静寂をつくり出す、音のみでなく、光の静寂をつくり出す、そして精神の静けさを見出す。現代都市において、そんな静けさの空間を生み出したのがメキシコの建築家ルイス・バラガン（一九〇二～八八）です。ル・コルビュジエたちが創出した近代を吸収しつつ、ルイス・バラガンは人間性の本質に関わる静けさのある空間を実現し、今日も世界の建築家たちに語りかけ続けています。

《バラガン自邸》は、喧騒とした都市の一角の壁の中に出現した奇跡のような世界です。バラガンの研究家、深い理解者である建築家、齋藤裕の言葉は印象的です。「驚くほどに何の難しい技術も素材も設備も使っていない。家具さえも素朴でデザインなど感じられないのに、あの空間の素晴らしさは息を呑む」

日本の住宅建築――近代と現代

《聴竹居》の挑戦

日本の近代建築における住宅建築について、一つのプロジェクトに触れてみたいと思います。京都大山崎に現存する藤井厚二（一八八八～一九三八）設計の《聴竹居》（一九二八）です。

建築が風土の中に置かれるという前提を確実に踏まえて、日本の伝統建築のもつ環境順応性とヨーロッパの近代の建築方法を組み合わせていくことに藤井は力を注ぎました。京都大学で教鞭をとっていた彼は住宅をつくり続け、その五つめ、最後の作品であり集大成ともいえるのが《聴竹居》です。

パリで一九二五年に開催されたアール・デコ博覧会にはアール・デコ様式の建築や装飾があった傍ら、ル・コルビュジエによる《エスプリ・ヌーヴォー館》がモダニズムの象徴として存在しました。異なったデザインの価値が入り混じったダイナミックで混沌とした時代であったことが想像できますが、藤井の《聴竹居》にはそうした時代への敏感な反応と、日本の風土への建築的解答を求める真摯な挑戦が見られます。今日、私たちが抱えている環境への配慮を、藤井は確実に把握していたように思えます。住居の枠を広げ、芸術村的環境をつくり出すことを目指していた藤井の理想主義も、今日のコミュニティのあり方にヒントを与えてくれるかもしれません。

現代日本の住宅建築

多様な動きのある現代を簡潔に語ることは困難ですが、日本の現代の住空間の歴史の中で一つの住空間を選ぶとしたら、篠原一男（一九二五～二〇〇六）設計の《白の家》をあげたいと思います。

外形は伝統的家屋に見えるこの住居には、ル・コルビュジエのダイナミックな空間ヴォリュームにも似た力を感じます。多くの日本の住空間が外に向かう水平

図2・17《白の家》一九六六年。篠原一男　写真／村井修

図2・18《M邸》二〇〇二年。岡部憲明アーキテクチャーネットワーク写真／NOAN

の視線を感じさせるのに対し、《白の家》にはヨーロッパの垂直に広がる空間を見出せます。大きな障子から流れ込む白い光は、日本の伝統空間とヨーロッパのモダンが繊細に、なめらかに合体したと感じさせるものがあります。《白の家》を訪問した折、居間にル・コルビュジエ、ピエール・ジャンヌレ、シャルロット・ペリアンの三人によってデザインされた長椅子が置かれていたのを見て、やはりと、つい相槌を打ちたくなりました。「この椅子ならここに置いてもいいと思った」とオーナーが解説してくれました。

《白の家》の他にとても気になるのは、吉村順三（一九〇八〜九七）の《軽井沢の山荘》です。吉村順三の書いたこの別荘についての一冊『小さな森の家』は、建築家にも一般の方々にも「住の空間」と「使い方」を教えてくれる優れた書籍です。

施主や敷地条件等に応じて様々な解法を展開し二〇〇近い数の住居を設計した女性の建築家、林雅子（一九二八〜二〇〇一）の名もあげておきたいと思います。林雅子の作品の一つひとつから、そのとても大胆な空間構成や住宅設計の多様な方法が学びとれます。林雅子とその夫、林昌二の自邸《私たちの家》は、建築家夫婦らしい創意工夫と二人の空間構成への才能が伝わってくる住空間です。

図2・19《M邸》の内観
写真／村井修

《M邸》《W邸》——自然と対話する住空間

「住の空間」には強い関心をもちつづけてきました。私が住居の設計をした経験はわずかですが、その中の二例をあげて住宅デザインへの考えを紹介したいと思います。

一つは伊豆に、延べ床一〇〇平方メートルほどの小規模な、当面は別荘として使われる住居です。伊豆の小住宅《M邸》ではきつい勾配の角地であることと、建蔽率二割という条件の中で広がりのある内部空間をもつこと、外部をできるかぎり取り入れることを基本において設計しました。平行四辺形の平面で一〇〇平方メートルの面積ながら長さが二二メートルもあり、大きなテラスをもつ住居です。小規模住宅においても、空間に十分なヴォリュームと外部へと広がる視界を最大限取り入れてみたいと考えて設計しました。

もう一つの住居は旧軽井沢に建てた別荘《W邸》です。日本の近代の中で育まれた伝統的別荘地は、林の中に点在する住居が自然環境の中で適正なバランスで今日に至るまで保持されている地域です。この地の住居の設計には自然環境や隣人への配慮などに加え、年間通しての湿気や樹木の落葉への対策が大きな課題でした。その課題を解決した上で、木立の木漏れ陽の中のあざやかな環境を創り出す住空間のデザインに進みました。

住居は地上から一・八メートル浮き上がらせた基床の上に置かれ、湿気を防ぎ、

図2・20 《W邸》二〇〇七年。岡部憲明アーキテクチャーネットワーク
写真／岡本知久

図2・21 《W邸》の内観
写真／岡本知久

二メートル張り出した軒がファサードを守ります。細やかな幅の外壁の唐松横羽目縁甲板の仕上げは、林に溶け込み、目立たない住居をというクライアントの意向と、この地の長く続く環境維持への配慮に答えたものです。

内部空間においては、どの季節にも朝から夕べに至るまで変化する陽射しを感じることができます。アールトの《マイレア邸》が教えてくれた自然環境との交わり、時間、季節とともに変化する自然光の導入の原則を生かしたいと考えました。

ホテル――もう一つの住空間

住居ではない住空間の例として、ホテルの空間を見てみましょう。旅行カバンとホテルの部屋は、最小限の、ある意味で極限の住空間と考えられます。

日本の住空間の今日の問題点の一つに収納スペースがあります。収納スペースの少なさや不具合さに加え、物が多い日常の仕組みが住空間に雑然とした印象を与えるケースが多いのではないでしょうか。フランスの友人宅や別荘に招かれてまず感心するのは物が見えないこと。見事に収納されていることです。日本の伝統建築のもつ爽やかな簡潔さは、洋式の要素が導入されて以降、失われているように思います。ホテル住まいは物を最小限にして暮らすよさを教えてくれます。

図2・22《箱根ハイランドホテル新館》二〇一四年。岡部憲明アーキテクチャーネットワーク+大和小田急建設　写真／NOAN

箱根のリゾートホテルの設計を依頼されたとき、ホテルという建築のカテゴリーの前提に、雑多なものがある日常空間から抜け出したもう一つの住空間をつくろうと考えました。風景をゆったり捉え、静寂感のある豊かなヴォリュームをもち、やわらかな光に満ちた居間であり寝室である一つのスペース。住居の設計と同時に敷地を見て読み込むことは必然ですが、装飾のない空間の仕上げを前提におき、家具、照明器具を含めアート作品の選択に至るまでトータルにデザインし尽くすことを試みました。全体の配置計画は敷地へのインテグレーションとともに各室のプライバシーを高め、箱根の景観に配慮した七室と八室の二棟の雁行型の平面を採りました。個々の部屋が独立した空間として宿泊者が受け止め、自然に溶け込み、自然の風景を手にとれる住空間です。こうしたホテルの部屋の設計経験を住宅設計に生かしてみたいと思っています。

集住の形

戸建ての住居の話を中心にしてきましたが、集合住宅にも触れてみたいと思います。今日の都市住宅を考えた上で、集合住宅は中心的存在となります。東京では、最近は都心回帰の傾向が見られ、アメリカのような超高層住宅も多く見られるようになりました。急速に人口が膨張している上海、香港などの中国の都市やシンガポール、それに中近東のＵＡＥ（アラブ首長国連邦）のドバイ、アブダビ等で

図２・23　モロッコ、集住の風景のスケッチ　図版／著者

も超高層住宅が数多く建設されています。

集住の歴史を振り返ってみるとき、ギリシャやイタリア、モロッコなどの集落の美しさは忘れられないものですが、今日美しい集住の形は見出せるでしょうか。近代建築は果敢に集住のテーマに取り組みました。ル・コルビュジエの《ユニテ・ダビタシオン・ドゥ・マルセイユ》や、戦前にパンギュイソン（一八九四〜一九七八）によってデザインされ、《ユニテ・ダビタシオン・ドゥ・マルセイユ》に少なからぬ影響を与えた、サントロペ（南仏）にある集合住宅《ラティチュード43》、スイスのアトリエ5による低層集合住宅など、多くの優れた先行する事例があります。これらは戦後につくられた集合住宅がその住空間の質の問題や、都市環境、社会環境の変化、世代交代などに適応できずに荒廃化したり、場合によって破壊せざるを得ない状況が生まれる中、今日まで充足する集住の場として存在している貴重な例です。

近代建築の歴史の中から二つの集合住宅について再考しておきましょう。

《ユニテ・ダビタシオン・ドゥ・マルセイユ》

パリ、シャイヨー宮内の建築博物館の一階は、中世教会建築の模型や彫像のレプリカが一望できるスペースです。その二階には近代から現代の建築の資料、模型が展示されています。そこで最も重要に扱われているのが、原寸の住宅部分のモッ

図2・24《ラティチュード43》一九三二年。ジョルジュ＝アンリ・パンギュイソン　写真／著者

図2・25《ラティチュード43》のドローイング　図版／LES ANNE'ES 30

クアップを含むル・コルビュジエ設計によるマルセイユの集合住宅、《ユニテ・ダビタシオン・ドゥ・マルセイユ》です。

人類史において最大の悲劇ともいえる三〇〇〇万人もの死者を出した第二次世界大戦の終結後の復興計画の中で、ル・コルビュジエをはじめとする建築家、デザイナー、エンジニアたちが多大なエネルギーをもって取り組んだこのプロジェクトの意味を今日に伝えるべく、この展示スペースは計画されたといえます。

メゾネットの住宅ユニットのモックアップは、幅三・六メートル、奥行二二メートル、吹抜け空間、フルオープンのガラスファサード、ペリアンによる台所、プルーヴェによる階段など、室内外を正確に再現するだけでなく、今日私たちが知るS・I（サポート・インフィル）の考えの基本が実現されている主構造とユニットの構築のディテールを見ることができます。この集合住宅では、それぞれの住宅ユニットが鉛のベースによって主構造から切り離され、確実な対振動、遮音処置がなされていることがわかります。モックアップ以外には耐震性を考慮した基礎とピロティ、主構造のコンクリートマトリックスを示す構造モデル（構造設計はフレシネ）、アクセスしやすい屋上部とピロティ上部を使った設備ネットワークなどの模型、住宅ユニットのヴァリエーションモデル、都市の中での配置計画図などが展示され、このプロジェクトのもつ空間性、デザイン性、技術性が確実に理解できます。

図2・26 《ユニテ・ダビタシオン・ドゥ・マルセイユ》一九五二年。ル・コルビュジエ　写真／著者

図2・27 フランス建築博物館内の《ユニテ・ダビタシオン・ドゥ・マルセイユ》の原寸モックアップ　写真／著者

《ユニテ・ダビタシオン・ドゥ・マルセイユ》にはピロティや屋上庭園、中間層にあるショップエリア、最上階の幼稚園など集住する公共性、社会性に加え、プライバシーへの建築的配慮に対する果敢な解決への方法が示されています。サスティナブルな建築に対する関心が高まる今日、《ユニテ・ダビタシオン・ドゥ・マルセイユ》はまさにそのパイオニア・プロジェクトといえます。

《ハーレン集合住宅》──スイス、ベルンにおける低層集合住宅

写真家、二川幸夫（一九三二〜二〇一三）が出版した大型版『GA』は、建築家たちに影響を与え、近、現代の主要な建築の価値を伝えてくれる最良の写真集でしょう。ヨーロッパにはじめて訪れた折、ギリシャの遺跡など古典の世界を巡った後、最初に出会った近代建築がアトリエ5設計の《ハーレン集合住宅》でした。前記の『GA』の写真から緑の中の低層集合住宅に惹かれていたことと、当時アトリエ5のチームに伊藤哲夫さんが在籍されていたことがきっかけでした。一九七三年のことです。

スイスの首都ベルン北、郊外の森の中に八一の共同所有者によって住民主体のコミュニティとプライバシーのバランスを求めて建てられた集合住宅で、広場やプールを共有し、個々の住居の壁は独立して構築され遮音性が確実に確保されています。三〇年後に再び訪れた折に、広場に集まり野外パーティをする住民の姿

図2・28《ハーレン集合住宅》一九六一年。アトリエ5　写真／Atelier 5 (Ammann Verlag)

図2・29《ハーレン集合住宅》の内観　写真／著者

や、お訪ねした住居の中が慎ましげながらいかにも楽しい日常が、テラス外の緑豊かな庭とともに感動的でした。

《ハーレン集合住宅》も、それに続くいくつものアトリエ5の集住建築では、しばしば二つの庭、半公共的玄関脇の庭と個人の庭が設けられ、玄関脇の庭はコミュニティ形成の対話を自然に生む装置となってくれたそうです。アトリエ5は、ル・コルビュジエのベルン・オフィスに所属していた若い建築家たちが主要メンバーとして設立した設計事務所であることを伊藤さんから教えられました。《ユニテ・ダビタシオン・ドゥ・マルセイユ》と《ハーレンの集合住宅》は一つの思想、いかに集住の近代をつくるかを共有していたのです。

S・Iの考え方は、マルセイユの《ユニテ》でル・コルビュジエが提案したものにつながります。個々の住空間から主要な構造材と配線配管など主たる設備系を切り離すことによって、メンテナンス、取り替えなどを容易にします。《ハーレン集合住宅》もその影響を受けていたといえるでしょう。長持ちし、かつフレキシブルな集合住宅をつくり出すための方法で、サポートにあたる構造や主たる設備を公共化、半公共化していく制度面の革新を含めて考えられています。いつか必ず起こるであろう大都市の大地震に対して、木造一戸建てが密集する地区ではS・Iシステムによる集合化が対災害という点でも重要な課題です。

また、S・Iの考え方をより広げ、多くの産業が参加する総合的な住宅生産ネットワークをつくり上げることで、質の高い住居の早期の建設を災害時にも適応できるシステムを生む基礎となるでしょう。

もう一つのテーマはランドスケープです。集住の棟を配置する以前にしっかりランドスケープを考え、全体計画を道路、エネルギー、下水などの計画に先行しておさえ込む方法を考えてみることにあると思います。フランスの新都市計画や集合住宅地区計画の中で、数十年を経て評価できるものはランドスケープをよく組み込んだ計画に見出せます。

《パリ・モー通りの集合住宅》と《桜新町の集合住宅》

都心の小規模集合住宅で植栽、庭、空間を取り入れた現代の例を最後にあげたいと思います。

《パリ・モー通りの集合住宅》(設計：レンゾ・ピアノ・ビルディング・ワークショップ・パリ)は、パリ市の公営のアパートです。中央に地下駐車場の上の植栽豊かな大きな中庭をもち、各アパートは二方向に窓があり、それぞれがプライバシーを高められるようにエレベーター、階段を数多く組み込んでいます。テラコッタのやわらかい外装とともに、パリにはめずらしい暖かみのある集住の空間

図2・30 《桜新町の集合住宅》二〇〇二年。岡部憲明アーキテクチャーネットワーク　写真／平剛

をつくりあげています。

《桜新町の集合住宅》は、東京世田谷の準工業地域に私たちが設計した集合住宅で中層の賃貸アパートです。構造的に梁や柱の形がないシステムを採用することで広々と感じられる内部空間をつくり出すことと、南北両面に庭のある居住空間内部のみならずアパート入口から各戸に至るアプローチを豊かにもたせることを試みています。

ゆるやかな勾配の外階段や広い外廊下を用いたのも、日常の生活の中に住戸内のみならず共有の外部空間の庭を取り込み、生活に豊かさを与えたいと考えたからです。

地域計画や都市計画は、集住のみならず個別の住居を考える前提となっていて、住環境の質を生み出す条件といえます。ニュータウン計画でつくられた地区が、高齢化、都市構造の変化の中で荒廃していく状況が日本のみならずヨーロッパでも顕著に見られます。団地再生は、今日の大きな社会的テーマにもなっています。人間性を重視し、コミュニティを育み、地球環境への配慮を基本として都市づくり、地域づくり、そして集住の場を実現した例は、北欧の都市ヘルシンキとその近郊に見出せます。

図2・31《桜新町の集合住宅》のアプローチ　写真／NOAN

ヘルシンキ――森と生きる都市

一九九七年、フィンランド建国八〇周年を迎えた年に、「ヘルシンキ／森と生きる都市」展が日本フィンランド都市セミナーの一貫として開かれ、その計画に参加しました。ヘルシンキ都市計画局との交流の中から「人間のための都市」づくりが、制度、教育、住民参加の面でグローバルに進められている実体を知ることができたことは、都市、建築に携わる者として幸いでした。小学校の教育の中に、街づくりや都市景観、自然環境の考え方が組み込まれていることや、土地所有が八割に至るまで市や国のものとして社会資本化されていること、住民参加のルールや仕組みが工夫され定着していることなど、理想的な「人間のための都市」の基本が実行されていることは感動的でした。

そのときの数年の調査、交流の中で、ヘルシンキ郊外の住宅地カピュラの存在を知りました。第一次世界大戦直後の住宅不足の時期にスピーディに木造でつくられた共同住宅群ですが、住民による内部の改良などを含め、今日に至るまで周辺環境、コミュニティのあり方、住環境そのものの豊かさが育まれています。緊急の仮設住宅としてログハウスをベースにつくられた住居は、住民や自治体の積極的な環境づくりの働きの中で、緑の中の住宅街として九〇年近く生き続けています。第二次世界大戦後に開発されたヘルシンキ近郊の都市、タピオラや、大学都市、オタニエミをはじめ、いくつもの近郊都市の計画も自然環境とともに生き

図2・32　「ヘルシンキ／森と生きる都市」展。一九九七年。展示デザイン：ユハニ・パッラスマー、岡部憲明

る人間性重視の基本に立って計画されています。

日本に比べれば二四分の一の人口密度の国土であることなど差異はあるとしても、フィンランド、そしてその首都ヘルシンキの街づくり、集住の方法は、積極的に学び、活用されるべきではないでしょうか。阪神淡路大震災の後に「ヘルシンキ／森と生きる都市」展やセミナーは企画されましたが、ヘルシンキの方法は東日本大震災の悲劇を受けた今日にも、地域や都市づくり、復興への手引きとなってくれると考えています。

図2・33 《マイレア邸》の内観、居間　写真／著者

図2・34 《マイレア邸》フラワールームより庭をのぞむ　写真／著者

図 3.1 《キンベル美術館》 写真／著者

第3章　建築の光

太陽から降り注ぐ光によって地球は生き続けています。建築を考える上で、原点といえるのも光、太陽から降り注がれる光の存在です。アメリカの現代建築の中で深い思索を積み重ね、古典から現代へとつらぬくような高い質の建築を生み出したルイス・カーンは「光」を中心に据えてすべての作品に挑戦しました。彼の言葉に耳を傾けてみましょう。

「光。この光というものは火よりも前から存在しました。その光が炎となりやがてその役目を終えて、別のものに変化しました。光は物質をつくるものであり物質は費やされた光なのです」

自然の風景や都市の街並みの上に降り注ぐ太陽の光は、建築の内側に取り込まれて建築の内部空間を映しだしていきます。もちろん人類は歴史の中で様々な人工の光を生み出し、闇の中に自らの光を灯し、その営みを拡大してきたわけですが、窓や開口部から取り込まれる自然の光をいかに豊かに導き入れるかは、過去においても今日においても建築にとって最も重要なテーマであることに変わりありません。

ここで、木材を主構造材として構築されてきた日本の伝統的な建築と、石を基本材料としてつくられたヨーロッパの石造建築とでは、自然光との関わりに全く異なる質があることに着目したいと思います。

木材による柱や梁で構造の基本をつくり、その間を薄い土壁、障子、引戸、襖などで面的に区切っていく日本の伝統建築では、建築の内部空間と外部空間は容易に結びつき浸透し合います。建築の内部空間は、ここにおいて開放的に外へと広がっていきます。厚い石の壁に外部との関係を隔てられたヨーロッパの石造建築には、決して生むことのできない建築的展開が可能です。

鉄やガラスが大々的に建築に導入された後に生まれた近代建築の時代には、日本の伝統建築がもつ外部との浸透性や、明るく開かれ、光と風景を取り込む開放性が大きく評価され、積極的に学び取られていきました。

では石造の建築は外部と内部、自然の光との関わりにおいてどのような展開をしてきたのでしょうか。石という重く、扱いにくい素材を基本として、構造的にはまるで洞窟のような閉じられた空間をつくることを宿命としてきた石造建築は、木造建築の開放性と正反対な質――自立した内部空間――を創り出しました。

自然の風景、都市の風景などの外部世界とは別の独立した世界を内包する空間の存在は、歴史が生んだ建築の質としてきわめて重要なものです。それゆえ、現在私たちが建築設計を考えるには「自立した内部空間がもった質」を呼び起こし

図3・2《桂離宮》一七世紀中頃　写真／著者

図3・3《サン・ピエトロ大聖堂》のクーポラ内部　写真／著者

てみることは大切に思えます。冒頭にあげたルイス・カーンが追究し、私たちに教えてくれた建築の質はまさにこの「自立した内部空間」を生んだ建築を現代に呼び戻す「光の空間」の世界なのです。

はじめに古典建築作品の中から「自立した内部空間」を生んだ建築をあげてみたいと思います。

光と建築空間――古典の中から

《ル・トロネ修道院》

南仏の《ル・トロネ修道院》を訪れたのは盛夏の朝でした。小さな扉をくぐって礼拝堂の中に一歩足を踏み入れた瞬間に、時間が一瞬にして凝縮し、すべてが静止してしまったかに思われました。入口と反対側にある聖壇の背後から、朝の光が無数の輝く光の粒となって躍動しながら空間の中に拡散していく世界に出会ったからです。

空間を広がる光が時間を無限に遅延させている。沈黙だけがある世界。その空間と出会った瞬間に、今までのすべての空間の記憶がリセットされてしまうかに感じられました。「建築に疑問を抱いたら《ル・トロネ》に行け」、フランス人の建築家の何人かから同じ言葉を聞いていました。《ル・トロネ》には簡単に行かないようにしようと無意識のうちに考えて、長い時間が経った後の訪問だけに、

図3・4 《ル・トロネ修道院》一二〇〇年頃

感動以上のものがこの空間との出会いにはありました。石の肌以外の何もない空間、うがたれた小さな窓から光の粒子一つひとつが石の表面をなでながら拡散していく風景、どこにもなかった光の中を押し寄せてくるような空間の存在感。息をすることさえ忘れるほどの時間が過ぎました。

この八〇〇年以上前に建てられたシトー派の修道院は、南仏の目立たない山裾の一角に存在します。正面性を主張しない入口の立面の中心点と祭壇は、厳密に東西軸で結ばれています。礼拝堂と直交して中庭とそこを巡る回廊があります。回廊はかつて修道士たちが瞑想し、ゆるやかな足どりで歩いた沈黙と瞑想の空間で、ほとんど何もない中庭から流れ込んでくる光の変化が不思議なリズムを伝えてきます。

《ル・トロネ》の光の空間の感動は恐ろしいほどのもので、気楽にもう一度訪ねる場所ではないと思っています。

ゴシック建築――色光と垂直性

《ル・トロネ修道院》の礼拝堂の中に広がる光の空間は、人里離れた山並みの間に俗世間から隔離されて修行した修道士たちのための、身体の知覚すべてを包み込む、始原的できわめて精神性に満ちた空間としてありました。《ル・トロネ修道院》の建築様式はロマネスクと呼ばれるものです。この様式の建築は、中部フ

図3・5《ル・トロネ修道院》のスケッチ　図版／著者

図3・6《ル・トロネ修道院》礼拝堂の内観　写真／著者

ランスから南方に点在していて、今日もこの純粋な建築空間を求めて訪ねる人も多いようです。中でも《ル・トロネ修道院》は、究極の空間の質をもっているように私には思えます。

ロマネスクに続く建築様式であるゴシック様式は、一二世紀から一六世紀に至る長い期間ヨーロッパ各地で建設されています。カテドラル（大聖堂）に代表される壮大な建築がゴシックの特徴で、ロマネスクの石造の構造形式がより発展し、巨大な空間をもつようになるとともに、多くの市民が訪れる空間として存在するようになります。ゴシックの空間の特質は、高い天井に向かって垂直に伸びる上昇性と、建築の軸に沿った水平方向が強調されるパースペクティブにあるといわれていますが、何よりも石づくりとは思えない高い天井のヴォリュームの圧倒的な力と、ステンドグラスを通して流れ込む色光の美しさにおいて、他に類のない光の空間を生んでいるといえます。素材としての石をここまで構造的に磨き上げ、ガラスの非結晶性ゆえの特性を生かし、美しい色光を生み出したことは感動的です。

数あるゴシック建築の中で私自身が最も気になっているのは、パリの《ノートルダム・ドゥ・パリ大聖堂》、パリの北、ボーヴェ市の《ボーヴェ大聖堂》、スペイン、マジョルカ島の《パルマ大聖堂》です。

《ノートルダム大聖堂》は建設された時代からいえば、その始まりは《ル・トロネ修道院》とほぼ同じ一二世紀で、数あるゴシック大聖堂の中では初期にあたり、その後の《シャルトル》《アミアン》などの大聖堂に比べて規模的には小さなものですが、それ以前に存在していた西欧の建築に比べると飛び抜けて大きく、大空間の系譜の中の重要な建築であるといえます。

私が特に惹かれるのは、空間ヴォリュームの安定したプロポーション、外観の均衡の素晴らしさ、フライングバットレスと呼ばれる外部のそえ柱のリズムのよさなど全体のバランスの質がゴシックの中でも群を抜いていると思うこと、そして何よりもパリに居住した一〇年余の間に最もよく親しんだ大空間であったことがあげられます。

《ボーヴェ》のカテドラルは未完の悲劇と、それを生んだ激しい垂直上昇性によって、記憶に蘇ってくる存在です。同じゴシック様式でありながら、《ノートルダム》の均衡のよさはここにはなく、あまりにも圧倒的な垂直性を前にした不安感さえ、《ボーヴェ》では感じるのですが、存在してはいけないものを体験するような強い魅力があり、天に伸び上がる石とステンドグラスのつくり出す空間性を生んだ構築の原点と限界について知覚的に学び取る上で、《ボーヴェ大聖堂》は大きな存在だと思っています。

もう一つの大聖堂、マジョルカ島の《パルマ大聖堂》は、ゴシック建築のもつ複雑で装飾的な外観がもたらすある種の弱さをいっさいもたず、そして何よりも

図3・7 《ノートルダム・ドゥ・パリ大聖堂》一二～一三世紀 写真／著者

図3・8 《ボーヴェ大聖堂》一三～一六世紀（未完） 写真／著者

壮大なヴォリュームの内部空間が圧巻です。ゴシック建築の終期に属し、技術的な展開が十分になされてきたことは想像できますが、島の丘の上に建ち、強い風を受ける厳しい条件に対して、今日に至るまでそびえている姿は感動的です。

《パルマ大聖堂》は側廊部分の天井高が三〇メートルと異常に高く、それを支える柱は極端に細いことで、ゴシック特有の垂直性を超え、大きな広い内部空間を獲得しています。この空間のヴォリュームとそこを満たす光の大らかさ、そして城壁のような量塊の外観によって、中世の時間を遥かに突き抜けた存在となっています。バルセロナの異色の建築家アントニオ・ガウディ（一八五二〜一九二六）はこのカテドラルを深く愛し、内部の燭台などをデザインしています。画家ジョアン・ミロ（一八九三〜一九八三）もこの大聖堂に心から感動した一人です。

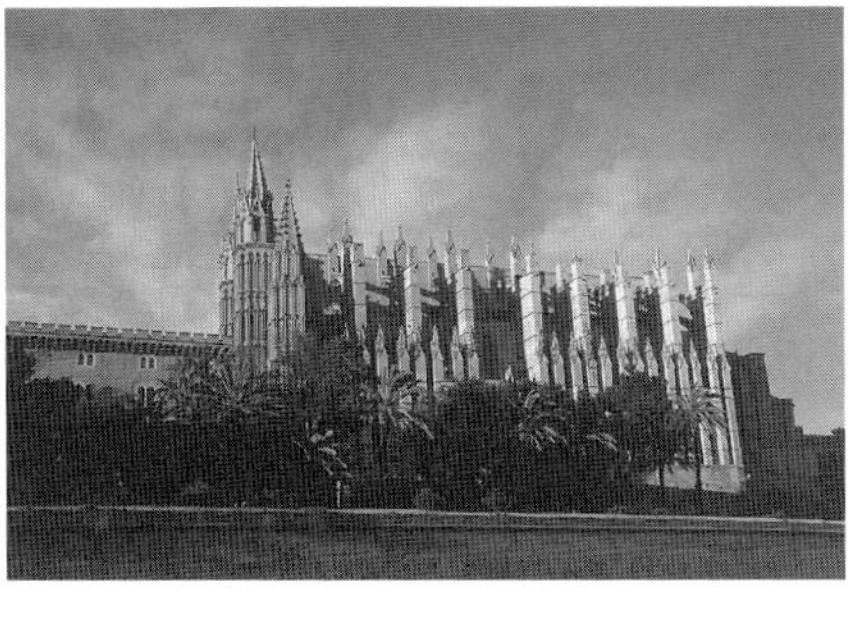

図3・9　マジョルカ島の《パルマ大聖堂》一二三〇〜一六〇一年
写真／著者

《待庵》――自立した内部空間を生んだ利休の茶室

ヨーロッパの石造建築のもつ内部空間に強く惹かれた後、日本の伝統建築空間がもつ外部空間との浸透性の豊かさを魅力的に感じながらも何か物足りないと思っていたとき、《妙喜庵待庵》に出会いました。《関西国際空港旅客ターミナルビル》の国際コンペに優勝して、実現のためにパリから大阪へ移動して間もなくの頃でした。今まで体験したことのなかったスケールのヴォリュームをもつターミナルビルの大空間をつくるにあたり、人間的知覚、身体性へと答えるものにできるかといったテーマを前にして、先も方向も見え切れていない時期、空間のスケールについて学び取ることのできた、大規模な石造建築や一九世紀の大空間のあるパリを思い起こすことが多い時期のことでした。

そんな折に訪問した二畳の茶室《待庵》は、その極小ヴォリュームの中に豊かな自立した内部空間の存在があることを教えてくれました。超大空間を創り上げる上でも最も困難なことは、どのようにして空間のヴォリュームがもつスケールを把握するかにあると思います。そしてその空間にいかに光を満たすか。利休の作といわれる《待庵》は、極小の空間を無限にも広げていく、内部の表層の構成と、光を取り入れる窓の配置、窓そのもののもつ光の豊かな変容。それらが捉えどころのないヴォリュームへと、その極小空間を広げ、無限の微細な変化に満ちた光の空間を創り上げていました。

近代建築の光

石という重い量塊によって、重力と風力とに抗して限界まで達していた石造建築の歴史が一挙に解き放たれるのは、ヨーロッパでもとりわけ英、仏を皮切りに鉄という素材が建築や土木構築物の世界に大々的に導入される一九世紀のことです。蒸気機関の発明から始まる産業革命によって都市への人口流動が起こり都市構造が変革されていく中で、素材としての鉄は建築、土木、鉄道の世界を切り開き、それまで人類の生きた環境の歴史を一挙に変えていきます。軽やかに大構造をつくりあげる鉄と一体になって、建築空間を覆う役割を果たしていくもう一つの素材はガラスです。鉄とガラスは歴史の中に全く新しい空間の可能性を開き、この道筋は今日へとそのままつながっていきます。

ここでは自然の光の導入をテーマに、一九世紀半ばの技術革新が花開いた時代から現代に至る建築について触れていきます。

一九世紀の大空間建築から、現存する《パリ国立図書館》（現《フランス国立図書館・リシュリュー館》）とミラノの《ヴィットリオ・エマヌエレⅡ世のガレリア》を取り上げます。

いずれも鉄とガラスの取り入れられる以前の建築空間、都市のもっていた空間の質を継承しながら新たな建築環境を生み出した作品です。斬新な空間を創り出すと同時に過去の空間の質を継承している点は大変、重要に思えます。というのは今日、現在の進歩した技術力を駆使して生み出される大空間建築が、巨大なガラス面の透明性に支えられながら、寒々しく非人間的であり、コマーシャリズムのみが優先されている例を数々見出すからです。一九世紀の大空間に存在する配慮が大切に見えてくるのは、今日の大空間建築の状況と照らし合わせてみてのことです。

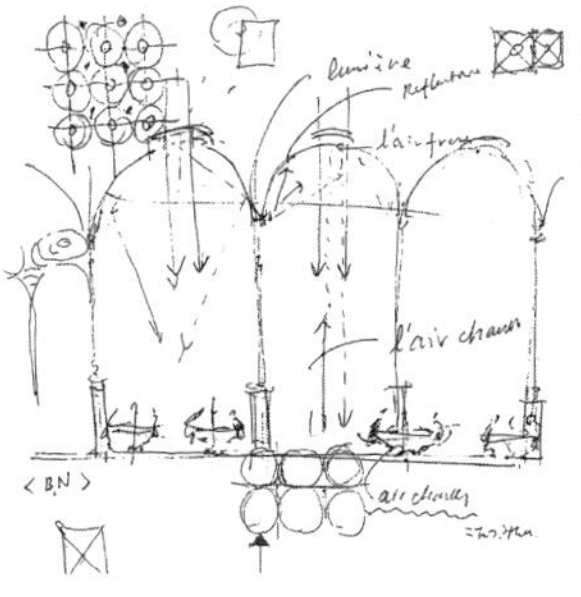

図3・10 《パリ国立図書館》（サル・ラブルースト）の断面スケッチ
図版／著者

《フランス国立図書館・リシュリュー館》

一九世紀の半ばから、フランスの多くの研究者、知識人が必ず通う空間でした。一九九六年、セーヌの川岸に巨大な《フランス国立図書館》（フランソワ・ミッテラン館）ができるまでは、フランスにおける知識の積層空間といった存在でした。最初に建設された閲覧室の空間（サル・ラブルースト）はパリ美術学校エコール・ド・ボザール出身の異端児、アンリ・ラブルースト（一八〇一～七五）の設計で一八六九年に建設された鉄とガラスの時代の幕開けを象徴する空間であると同時に、現代建築へも強い影響を与え続ける作品です。

建築の発展の根本に技術的革新があることは確かな歴史的事実ですが、それと同時に人間の知覚や身体性と関わる面において、ゆっくりと変化していく側面をもっています。このゆっくりと変わる部分にどのように取り組むかは、革新、改革と同時に大切な建築デザインのテーマです。空間の質はまさにその両者に依存して生まれ、建築へと導かれる光もまた、そこに意味を見出します。三〇メートル×三〇メートルの閲覧室の空間には、伸び上がる細い一六本の鋳鉄の柱が、九つのクーポラ（ドーム）を宙に浮き上がらせ、それぞれのクーポラの中心からは自然の光が流れ込み、クーポラの内壁の白いセラミックを伝って机の上に開かれた書籍の上に落ちます。この光景は一五〇年前と変わらず今日も存在しています。

図3・11　《パリ国立図書館》（サル・ラブルースト）の閲覧室。一八六九年。アンリ・ラブルースト　写真／著者

図3・12　「大閲覧室の眺め」図版／HENRI LABROUSTE architecte 1801-1875

建築と光、空間の存在感、そこに身をおく人間の身体性について考えるとき、この閲覧室のような歴史の遺産の存在は実に貴重です。

《リシュリュー館》にはもう一つの珠玉の空間、サル・オヴァール（楕円の間）があります。この図書館においてラブルーストをサポートし、その死後に後継の建築家となったジャン・ルイ・パスカル（一八三七〜一九二〇）は、楕円の光天井からなめらかな光が降下してくる大空間の閲覧室を創り出しました。楕円の閲覧スペースの周辺は書架の壁となり、細やかな装飾のように空間を囲みます。ラブルーストの空間を超える美しいヴォリュームが存在します。

《ヴィットリオ・エマヌエレⅡ世のガレリア》

ヴァルター・ベンヤミン（一八九二〜一九四〇）は、パリの天蓋に覆われたパッサージュに時代の意味を込めて『パッサージュ論』を記しています。パリのパッサージュは、一九世紀から今日に至るまで都市の居間をそこここに生んだ都市物語の主役かもしれません。

パリのパッサージュの中でもやさしくエレガントなのが《ギャルリ・ヴィヴィアンヌ》で、前述のリシュリュー館と隣接しています。レストラン、カフェ、ブティック、美容院などがあり、ガラス屋根に覆われた明るい光の中に今日も人の流れを誘っています。ガラス屋根のパッサージュはパリのみならず、ベルギーの

図3・13《パリ国立図書館》（サル・オヴァール）の閲覧室。一八七九年。ジャン・ルイ・パスカル　写真／著者

首都ブリュッセルの《ギャルリ・サンチュベール》などヨーロッパ都市で見つけることができます。

しかし、同じような都市の街路を覆った天蓋であっても、ミラノの《ヴィットリオ・エマヌエレII世のガレリア》を超える、大胆かつ華麗な天蓋は歴史上存在しないのではないかと思います。この天蓋には、都市の街路をただ鉄骨とガラスの屋根が覆ったという以上の意味があるといわざるを得ません。冬、押し付けてくるような厚い霧で閉ざされるミラノの街で、街を歩く楽しげな感覚をこの天蓋に覆われた十字に交わる街路が高らかに演出します。イタリア統一を記念して建設されたこのモニュメントには、近代の光の始まりが生成され、それゆえ、それ以前の近代にもそれ以後の現代に続く時代にもない貴重な都市空間の価値を示しているように思えます。同時に都市環境への提案は本質的で、現代にも強く訴えてくるものがあります。

ふんだんに流れ込む光は、交叉する街路のファサード（立面）と歩道面の華麗な石の模様を照らし出し、通過する人々のすべてに光を注ぎます。一九世紀においても、今日においても。

《カサ・デル・ファッショ》——パラッツォ・テラーニ

次に、二〇世紀前半からの近代建築運動の中から生まれた作品における「建築の

図3・14　《ギャルリ・ヴィヴィアンヌ》一八二三年　写真／著者

図3・15　《ヴィットリオ・エマヌエレII世のガレリア》一八七七年。ジュゼッペ・メンゴーニ　写真／著者

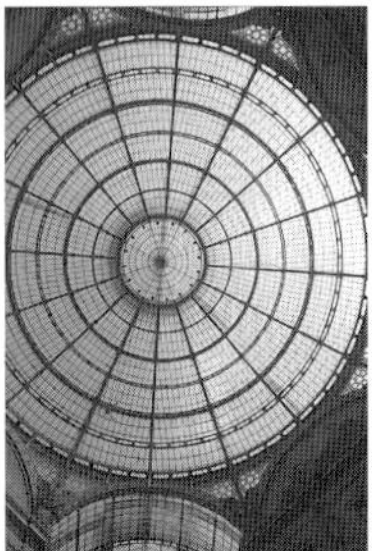

図3・16　ガレリアの天蓋部　写真／著者

光」について考えてみたいと思います。

パリの中心市街地に建つ《ダルザス邸》はすでに「住の空間」（第2章）で説明してきましたが、《ダルザス邸》では二つの壁面にはさまれた住空間に、開放された他の二面に光を集光させる二〇センチ×二〇センチ×四センチのネヴァダ・タイプのガラスブロックを一面に組み上げることで、光に満ち満ちた内部空間を実現しています。この章では、《ダルザス邸》と同様にガラスブロックを使った光の空間をもう一つの作品として取り上げたいと思います。

その建築は、北イタリア、ミラノの北、湖畔の街コモにある、ファシズム時代に建築家ジュゼッペ・テラーニ（一九〇四〜四三）が設計した《カサ・デル・ファッショ》（現在、パラッツォ・テラーニ）です。二つの作品に共通するのは透明な板ガラスではなく、二〇センチ角ほどのガラスブロックを建築デザインの基本素材として用いることで、それ以前の建築にはなかった光の質——半透明のガラスを通したやわらかな光——をつかみ、豊かな内部空間をつくりあげている点です。

《カサ・デル・ファッショ》の場合では、ガラスブロックを通した光は建築のすべての方向から、すなわち四つのファサードと屋根からやってきます。屋根にはガラスブロックのやわらかい光に、強いアクセントをつける透明ガラスのスリットも組み込まれています。当時はその名の示す通り、ファシスト党の様々な

図3・17《カサ・デル・ファッショ》一九三六年。ジュゼッペ・テラーニ
写真／著者

活動のための集会施設でした。

　一九三〇年代、全体主義は欧州ではドイツのみならず、イタリア、スペインを覆っていたわけですが、建築に対する理念はドイツとイタリアでは大きく異なっていました。イタリアのファシストは、近代建築の中の合理性と純粋性を大きく評価し、ドイツがバウハウスを解体したのとは異なった文化政策をとっていました。建築家テラーニも熱心なファシストであったことは、こうした政治の状況が関係しています。イタリア近代建築の最大の傑作といわれる《カサ・デル・ファッショ》は、厳格な古典的プロポーションのファサードをもつヴォリュームの中に、大きな吹抜け空間を内包しています。

　そこには自然の光が満ちあふれています。現在、イタリア国境警備隊本部が使用しているため、なかなか見ることのできないこの建築の内部を三日間だけ研究者に開放する企画があり参加できたので、個室の隅々からトイレの空間まで見ることができました。

　やわらかな光に満ちたトイレも、開放的な執務室も、その明るさは意外なほどでした。《カサ・デル・ファッショ》はその古典的美しさゆえ、歴史家や建築家によって多くの理論的分析がなされていますが、私は何よりも、集光し凝縮する光の空間を内にもった、稀有な近代建築であることに最大の価値を見出すべきではないかと考えます。《ダルザス邸》がそうであったように、この《カサ・デル・

図3・18《カサ・デル・ファッショ》内観、エントランスホール
写真／著者

ファッショ》も優れたイタリアの職人技によって精密なディテールが施され、そのことによって建築の質をより確かにしています。

ル・コルビュジエの二つの作品――《ロンシャン》と《ラ・トゥーレット》

近代建築運動を強く推し進め、現代都市の計画をはじめ、新時代、新技術、新素材、そして新たな生活スタイルを求めて機能と社会性を中核においたル・コルビュジエは、晩年の二つの作品において「空間の造形」をテーマにしてそれまでの方法とは異なった方向を示します。ここでは建築の光、とりわけ建築の内部へと導かれる光の存在と「自立した内部空間」の生成が大きく問われていきます。

この時期、ル・コルビュジエは自分が地中海的資質をもった人間であり、地中海の風景と光へと強く回帰していく自己の精神に気がつきます。前章の「住の空間」のはじめにあげた《カップ・マルタンの休暇小屋》で思索を練った時期です。《ノートルダム・ドゥ・オー・ロンシャン教会》《ラ・トゥーレット修道院》、この二つの建築はいずれも宗教建築であり、精神に深く根差した空間の形成が本質的課題でした。「光」を導入し、空間の質を導くことを考え始めたとき、均質で機械的、機能的空間への志向は転換していきます。ル・コルビュジエの中には、こうしてそれまでとは異なった建築が生まれていきます。ル・コルビュジエの豊かさは新たな時代に向かう挑戦の力強さと、とことん掘り下げて建築の質を問う

図3・19《ロンシャンの教会》一九五五年。ル・コルビュジエ　写真／著者

図3・20《ロンシャンの教会》内観　写真／著者

という幅広い精神性にあり、その彼の資質が多様な建築の方法を開拓していったのです。

《ポンピドゥー・センター》以来二〇年にわたって私が多くのプロジェクトにともに携わってきたレンゾ・ピアノは、ル・コルビュジエについてこんな風にいっていました。「ル・コルビュジエはすべてをやってしまった」。もちろん時代と技術の発展の中で彼が見えなかったその後の建築はあるでしょうが、それにもかかわらずル・コルビュジエが席巻した建築の幅は広く、晩年のこの二つの作品はその「空間の質」ゆえ、彼の切り開いた世界をより広げているのです。

日本の国際的建築家であり、優れた理論家、評論家でもある磯崎新（一九三一～）がル・コルビュジエについて語った言葉は、学生時代の私には強い衝撃として残っています。「ル・コルビュジエのすべての著書を焼き捨ててしまえ」。ル・コルビュジエはそれでもトラウマのように建築を創る者の心に蘇ってきます。「そこに到達すること」と「その先に行くこと」が使命として示されるようになるのです。

ル・コルビュジエが近代建築において果たした重要な役割は計り知れないものがあり、なんとなくすべては知りたくないような気持ちにさえなるほど、幅広く、深遠にその思考と方法が広がっていますが、「光」について激しく敏感であったことは、はっきりと記述しておくべき彼の意志であるように思えます。ル・コル

図3・21《ラ・トゥーレット修道院》一九五九年。ル・コルビュジエ
写真／著者

ビュジエ自身、何度も強く言葉で繰り返していながら、多くの彼のメッセージの中の一つとなって、膨大なル・コルビュジエ・リストの中に組み込まれてしまいそうな「光への意志」なのですが、晩年の二つの作品、《ロンシャンの教会》と《ラ・トゥーレット修道院》の存在は、この時代の挑戦者の建築の可能性に対する考えを伝えてくれます。

この二つとも、光と静寂が根底のテーマになっているように思えます。両建築についてル・コルビュジエの協力者であったシャルロット・ペリアンに尋ねたことがあります。彼女の答えは、「《ロンシャン》はコルビュジエそのもの。彼はずっと以前から『空間の造形』をとことん追求してみたかった。《ラ・トゥーレット》は複雑。思考しすぎたといえるほど複雑」。ル・コルビュジエの研究者でもあり、現代の鋭利な建築評論家であるイギリス人の友人ピーター・ブッキャナン（一九四二〜）は、「《ロンシャン》は、ル・コルビュジエの深層心理へと下ってその中から立ち上がってくるもの。そして、彼の内にある原始的ともいえる宗教心の中から出てくる力」といっています。

「空間の造形」という捉えどころのないテーマを、実は建築家は追っているということをよく示してくれたのが、ル・コルビュジエの《ロンシャンの教会》と《ラ・トゥーレット修道院》を巡るすべての反応であり、またその建築そのものでもあるように思います。どこか謎があって、この謎は大切にしていきたい気

図3・22　《ラ・トゥーレット修道院》礼拝堂内観　写真／著者

持ちにもなります。この謎がル・コルビュジエという人間の内にあるとともに、《ル・トロネ修道院》にもつながる空間の謎かもしれません。

《ロンシャンの教会》では、鉄筋コンクリートの壁は張りぼて状にわざわざ厚くなっており、光は中世の石造建築のように厚い壁を抜けてやってきます。一部高く立ち上がった塔からゆっくりと落ちてくる光の束は、ル・コルビュジエが若くして捉えたティボリの《ハドリアヌス帝のヴィラ》の光の煙突から引用されたと伝えられています。《ラ・トゥーレット修道院》ではリズミカルに分割されたガラス面と、幾何学的な中庭がこの建築を巡る人に心象の風景を与えます。《ラ・トゥーレット修道院》は実に質素な、《ル・トロネ修道院》より数倍質素で粗い建築です。その中に、ル・コルビュジエが中世の精神の重みをもたない近代の中でなんとしてもつくってみようとした空間が生まれていることを目撃することができます。

《ロンシャンの教会》の光は、見事に宇宙に通じるかのように存在します。《ラ・トゥーレット修道院》では、より謙虚にかつ荒々しく色光が満ちてきます。

アートの空間をつくる光――美術館建築の自然光

絵画や彫刻に出会う場の代表は美術館でしょう。日本では美術館の中に自然光を積極的に導入する例は少ないようです。作品の保護の重要性を考え、光のコント

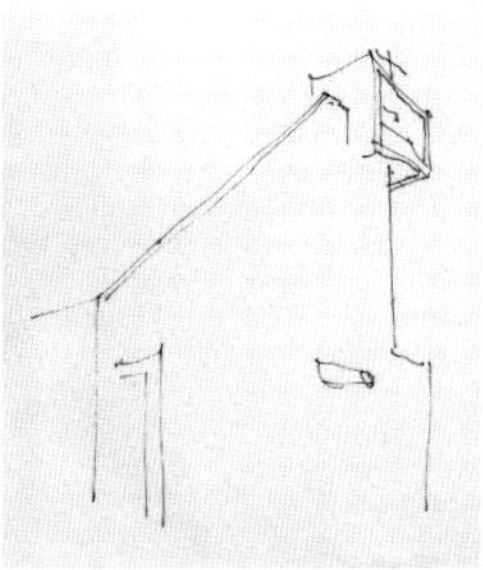

図3・23 《ラ・トゥーレット修道院》のスケッチ 図版／著者

ロールが容易で安定しているという点から人工の光の採用が基本になっています。もちろんヨーロッパの美術館でも事情は共通していますが、難しい自然光を巧みにコントロールして導入している例もいくつかあります。

自然光の中に浮き上がるアート作品には、人工光の下とは異なった生き生きとした表現が生まれます。今日、アートの場、美術館建築はいかに優れた調整のきく人工光を開発することが大切なテーマとなっています。最近ではそうした人工光の質の技術進歩と同時に、自然光のコントロールをコンピューター・シミュレーションや実験を通してつくりあげることが可能となってきています。

《キンベル美術館》

一九七〇年代からポストモダンの嵐が吹き荒れました。吹き荒れたといっても、その場はアメリカ合衆国やイギリス、そして日本が顕著であったように思えます。一九七〇〜八〇年代をヨーロッパ大陸で活動していた私のような建築家には遠くの嵐だったようで、七〇年代はパリの街と向かい合って《ポンピドゥー・センター》というラディカルな建築を実現することに必死だった状況の中では、ポストモダンはアメリカにリンクしたイギリスのジャーナリズムの中で見出した、一つの現象にしか見えなかったのは事実です。ポストモダンの古典リバイバル的強要は、ヨーロッパではあまり意味がないことは誰が見ても明らかなことでした。

図3・24 《キンベル美術館》一九七二年。ルイス・カーン 写真／著者

アメリカ近現代の建築界で、ヨーロッパからの歴史を真正面から受け止めて、重い確かな足取りで現代へとつないだ希少な建築家がルイス・カーンです。カーンの建築は、歴史の浅いアメリカ合衆国の空間史に深く突き刺さるくさびといえるでしょう。そのカーンが生んだ美術館建築（アートと人が出会う場）の最高の作品が、テキサス州フォートワースにある《キンベル美術館》です。

コンクリートとトラバーチン（大理石の一種）、シリンダー状の屋根形状による静かな外観の《キンベル美術館》、その内部にはアートのための光の空間が見事に現れます。円ではなく、より扁平なサイクロイド曲線の曲面はその中央を切り開かれ、そこから自然光が導入されています。光は一部コンクリート曲面に沿って下り、一部はスリット（隙間）の下のアルミの反射板で拡張されて空間に広がっていきます。何と穏やかな光なのでしょう。率直にいって奇跡的な光がここにはあります。

何故キンベルは素晴らしいのか、その会話の中でレンゾ・ピアノが答えました。
「建築にはまれにミラクルがある」

全く同感でした。ちょうど彼が《メニル・コレクション》のプロジェクトに関わった直後のことです。ピアノや私も時代の技術を追い求め、現代という社会のもつ実体の中で何ができるのかをずっと追いかけていた時代でした。カーンの永遠性――時間や時代を超える空間の意味に戸惑いながら、迂回して近づいていてい

図3・25《キンベル美術館》内観
写真／著者

こうとしていたのかもしれません。

ヨーロッパから見ると、アメリカ合衆国の建築がモダンの魅力以上にどこか不安定に見えるのは、歴史的時間の意味を考えれば当然なのかもしれません。ルイス・カーンはこんなハンディキャップを覆したわけです。《キンベル美術館》は自然光を生かすために構造、設備技術、仕上げ材料、空間構成すべてが動員され、光のもとに絶妙なバランスを創り上げています。

思想的にも技術的にも、知覚の記憶においても、この「光の空間」はカーンの執拗な意志を考えるとき、建築家にとってはかなり恐ろしい存在です。

《メニル・コレクション》——RPBWとARUPの方法

マダム・ド・メニルはフランス生まれの美術コレクターとして著名な方でした。夫とともにシュールレアリスムとアフリカ美術のコレクションを長年かかけて手がけた上に、ロスコやサイ・トゥオンブリーのコレクションも行ったアメリカの最も優れたアートコレクターの一人でした。テキサス州ヒューストンにこのコレクターの美術館をつくることが、《ポンピドゥー・センター》の近代美術館初代館長ボンテュス・フルテンの紹介で、ピアノのオフィス（レンゾ・ピアノ・ビルディング・ワークショップ＝RPBW）に依頼されました。ピアノに加え、アソシエイト・アーキテクトの石田俊二（一九四四〜）も携わりました。

図3・26《メニル・コレクション》一九八六年。レンゾ・ピアノ・ビルディング・ワークショップ
写真／Paul Hester、提供／RPBW

この美術館の持主、マダム・ド・メニルはルイス・カーンにすでに依頼をしていましたが、カーンの急な死によって別の建築家が指名されたわけです。それゆえ、光は最大のテーマとして設計に組み込まれることになりました。ここでいう光とは「自然光」です。

カーンの直感的、幾何学的方法とは異なる、コンピューター・シミュレーションや、モックアップ（実物大の模型）による検討を通した科学技術的方法で自然光の豊かな導入の実現が図られました。

「変化があってもいい、自然の森の中で、そこに降り注ぐ光のような光に満ちたアートの空間」をマダム・ド・メニルは望み、それにピアノが答えたのがこの美術館です。光のための装置は、屋根を覆うガラスと植物の葉のように有機的な形のコンクリート板で自然光を適度に調整して作品へと導きます。

リーフ（葉）と名づけられたこのフェロセメント（ステンレスの網が配筋された薄いセメントパネル）の形状は、光を均質に美術館内部へと導くのに相応しいように、ARUPのエンジニアによるコンピューター・シミュレーションとモックアップによって設計され決定されています。自然の光の変化を受け止めながら、かつ美術品に相応しい照度と拡散を約束するものです。

レンゾ・ピアノ（RPBW）は《メニル・コレクション》の後、スイス、バーゼルの《バイエラー美術館》において、近年ではアメリカで、《ナッシャー彫刻

図3・27《メニル・コレクション》内観
写真／Paul Hester、提供／RPBW

センター》《ハイ美術館》の増築など、そして二〇一三年、ルイス・カーンの《キンベル美術館》の増築において、自然光導入の方法を続けて開発、展開しています。自然光のシミュレーションの技術的方法を開発したARUPは、《ルーヴル美術館》の大ギャラリーに自然光を導入する計画や、ルーヴルのサテライト、《ルーヴル・ランス》《テート・モダン》などの自然光の解析を行っています。

北の光――北欧の現代建築

「建築の光」の質について考えるとき、乏しい太陽光のもとにある北ヨーロッパの国々が生み出した建築に触れないわけにはいきません。

北欧に近代建築の流れが定着していくのはヨーロッパ中央より遅れるわけですが、この北の国々の風土と自然を前提とした優れた建築空間が生まれています。

北欧独自の近代建築を導いたパイオニア的な建築家たちの名前をあげておきます。スウェーデンのエリック・グンナー・アスプルンド(一八八五〜一九四〇)、フィンランドのアルヴァ・アールトとエリック・ブリュッグマン（一八九一〜一九五五)、デンマークのアルヌ・ヤコブセン（一九〇二〜七一）とヨーン・ウッツォン（一九一八〜二〇〇八）です。

アールトと「北の光」

アルヴァ・アールトについては前章の「住の空間」で二つの作品《コエ・タロ》《マイレア邸》をすでにあげましたが、今回は《ヴォクセニスカの教会》と《アカデミア書店》をとりあげてみます。これ以外にも「北の光」を見事に導入した作品がアールトには多くあります。とりわけ図書館建築において優れた作品を彼は残しています。人々が本の中にある精神と個々に向かいあう空間をやわらかな光で包むことをアールトは試みてきました。

ル・コルビュジエが《ロンシャンの教会》を創り上げた頃、アルヴァ・アールトはフィンランドの西、ロシア（旧ソ連）と近いイマトラに、《ヴォクセニスカの教会》を設計します。フィンランドの多くの教会がそうであるように、教会の機能以外に町の集会施設としての役割ももっています。この機能的処理を空間に置き換えるのに際し、アルヴァ・アールトはここでユニークな三つの曲壁のある有機的な空間を創り上げています。遮音性の高い二枚の重い可動壁によって、教会空間は一つ、二つ、三つと異なった大きさに変化させることが可能で、教会の行事と集会が同時に行えるようになっています。曲面の壁の上部からは自然光がふんだんに白い室内に流れ込み、明るく白い曲面天井に拡散していきます。

祭壇の十字架がより明るく浮かび上がっているのは、隠れるように天井面に設けられたトップライト（天窓）より十字架に向かう光が取り入れられているから

図3・28《ヴォクセニスカの教会》一九五九年。アルヴァ・アールト　写真／著者

図3・29《アカデミア書店》一九六九年。アルヴァ・アールト　写真／著者

です。北の国の弱い光は、この空間の中では十分すぎるほど豊かなものとなっています。

アールトのもう一つの光の作品として、ヘルシンキ市の中心にある《アカデミア書店》をあげたいと思います。図書館建築で優れた空間を創り上げていたアールトは、《アカデミア書店》の内部空間において天井面から降りている大きなダイヤモンドのような形状のガラスの天窓兼照明と白い大理石の内装によって本と人を浮かび上がらせ、季節、時間にかかわらず何とも穏やかな賑わいが生まれています。

ブリュッグマン――《トゥルクの礼拝堂》

エリック・ブリュッグマンはアルヴァ・アールトと同世代の建築家ですが、アールトの国際的知名度に比してあまり知られた存在ではありません。しかしフィンランドの建築関係者の中では、その繊細で徹底したデザインの追及においてアールト以上に高く評価されています。「北の光」の建築を語る上で、ブリュッグマンの設計したトゥルクの公共墓地の礼拝堂は忘れてはならない存在です。外観は簡素でひっそりとしたおもむきを見せていますが、内部に入ったとたんに高密度なデザインの緊張感とともにやわらかな光に包まれた不思議な体験をすることになります。自然光は水平に伸びた広がりのある窓、くり貫《ぬ》かれた四角の開口部が

図3・30 《トゥルクの礼拝堂》一九四一年。エリック・ブリュッグマン 写真／著者

堂内に光を充満させています。視覚の外に置かれて礼拝の人々から見えない位置にある大きく垂直に伸びたガラスの壁からは、祭壇一面に明るく自然光が注がれています。いくつもの照明器具はその設置される空間に従って巧みにデザインされ、その形と光源によって空間全体に細やかなリズムを生んでいます。今日、この礼拝堂の「光の空間」は、北欧のみならず欧米や日本の建築にひそかな影響を与え続けています。

フィンランドでは、アールトとブリュッグマンによって切り開かれた人間の感性に優しく訴える建築の表現と「北の光」のもたらす空間のデザインは、次の世代へと確実に受け継がれていきます。

彼らに続く世代の二人の作家による作品を紹介しますが、いずれも教会建築です。先に述べたように、フィンランドでは、教会に保育園や町、村の集会場などが併設され、教会の建築が強い公共性をもち、それゆえ設計は設計競技になり、優れた若い建築家がデザインする機会ともなっています。

《タピオラの教会》と《ミュールマキの教会》

アールトはヘルシンキ工科大学の設計をし、生き生きとした光の空間を学生たちに実在として与えています。こうして次世代へと空間の質が確実に受け継がれていくわけです。中でも、タピオラにあるアールノ・ルースヴォリ（一九二五〜

図3・31《タピオラの教会》一九六五年。アールノ・ルースヴォリ
写真／著者

九二）による教会と、ユハ・レイヴィスカ（一九三六〜）設計のヘルシンキ近郊の《ミュールマキの教会》は新しい光の空間への道を開いています。《タピオラの教会》は、外部はプレキャストのコンクリートパネル、内部にはコンクリートブロックと一見、実に質素でそっけなくつくられていますが、仕上げも装飾もない空間に見事な光の拡散と水平に広がる長い黒のベンチが印象的です。《ヴォクセニスカの教会》では、隠された天窓からの光が祭壇と十字架に投げかけられています。

一方、《ミュールマキの教会》の空間は、鉄道駅の真横にある薄く長い敷地の中に幾枚もの壁を重ねた平面計画によって生まれていますが、重層する天井面、壁面のスリットから流れ出す光を、明るい色彩と白のテキスタイルで拡散して爽やかなモダンの輝きを創り上げています。この難しい敷地条件をここまでに昇華した光のデザインには目を見張るものがあります。

度々訪れる機会の多かったフィンランドが中心になりましたが、デンマークにはあの《シドニー・オペラハウス》の設計者、ヨーン・ウッツォンによる《ヴァースヴェアの教会》、アルヌ・ヤコブセンの《デンマーク国立銀行》があり、スウェーデンのグンナー・アスプルンド設計の《ストックホルムの図書館》など、北欧には多くの「光の空間」が存在し、豊かな近代以降の建築の姿が見出せます。

図3・32《ミュールマキの教会》一九八四年。ユハ・レイヴィスカ
写真／著者

これらの空間の質は、北欧で活躍した後に、自国スペインに戻ったラファエロ・モネオ（一九三七〜）や、ポルトガルのアルヴァロ・シザ（一九三三〜）など、イベリア半島の建築家の作品の中にも見出せるものです。

アルヴァロ・シザの空間の光

ポルトガルの北の都ポルトを中心に、高い空間の質を創造し続けるアルヴァロ・シザの生み出す光の世界は、現代建築における最も貴重な存在といえます。ポルトの《セラルヴェス現代美術館》でシザの光の魔術に出会うことができます。どの展示室においても空間の壁面をなめらかに連続し拡散する光が、作品と鑑賞者を浮かび上がらせています。自然光と人工光が巧みに組み合わされ、融解してできた光は、断続することなく美術館の部屋をつなげていき、不思議な安らぎの中でアートと対話することができます。さらに、外部の庭園の風景をそれぞれの展示室の窓が取り込み、実に自然に樹木や草花、空の存在を作品と並置しています。

これだけ巧みに外の風景をどのアート作品とも違和感なく見せる美術館は稀有です。このことは外部の光と内部の光が、光の強さによって断続しないように、鑑賞者の視覚が感じることによって可能になっているかと思いました。シザの空間の光は、人間の視覚の仕組みを直感的に見抜いている彼の才能から生まれたも

図3・33《セラルヴェス現代美術館》一九九九年。アルヴァロ・シザ
写真／著者

のでしょう。静かで明るく安らぎのある中で、アートと出会う場をシザは創り出してくれたのです。この美術館にポルトガルで最も多くの人々が訪れているのは、この稀な空間の質、光の世界に導かれるためなのかと思います。

この美術館のもう一つの建築的特質は、展示室を巡る動線の豊かさにあります。心地よい勾配の斜路、光とヴォリュームの新たな空間体験を与えてくれる階段スペース。高低差が織りなす歴史都市ポルトの風景の中を歩くリズミカルな快適さを、シザの空間では感じることができます。

図 4.1 《関西国際空港旅客ターミナルビル》搭乗ゲートラウンジ　写真／細川和昭、提供／NOAN

第4章　デザインと技術

映像の時代、ヴァーチャルリアリティーの時代の今日でも、デザインの世界では人間の行動や動作、感性とともに素材の選択が重要な要素であることに疑いはありません。建築においても、計画初期から素材の選択を明確にして取り組むことの重要さは多くのプロジェクトのプロセスに共通しています。建築の構造に鉄鋼を選ぶか、鉄筋コンクリートにするか、木材を使ってみるかの選択は法規、コスト、地域性などを踏まえた上でデザインの検討を加えて決められます。

前章「建築の光」の中ですでに申し上げたように、産業革命を経て一九世紀に入り、鉄が大々的に建築や土木、鉄道施設などに参入してきたことにより、人間をとりまく人工環境は一変しました。それまでの時代では考えられない速度で人口増加と都市集中が起こった時代、鉄が建造物にもたらした可能性は人類の歴史をそれ以前と明確に切断してしまったといえるでしょう。鉄という素材の登場は、すでに一八世紀以前から徐々に培われてきた可能性の上で約束されたものです。まず数学の進歩が材料学を生み、計算によって応力を予想する方法が確立する頃、鉄を製錬する技術、大量に生産する技術が生まれることで近代都市の構築が爆発的に進められたわけです。一九世紀はまさに科学技術が歴史を変えた時代といえるでしょう。

一九九七年に、《ポンピドゥー・センター》で「エンジニアのアート」展と名付けられた展覧会が約四〇〇〇平方メートルの会場を使って開かれました。《ポンピドゥー・センター》の近代美術館と産業創造センターが主催した展覧会です。単に科学技術が人工環境をつくり上げた歴史を振り返るのみでなく、どのような質の人工環境をつくり上げてきたか、またつくり上げていく可能性があるかに着目した企画でした。私もコミッティのメンバーとして二年半ほど協力しました。展覧会は次の四つのセクションに分けられていました。

⑴鉄鋼、⑵鉄筋コンクリート、⑶大空間構造、⑷現代。実在する建築の一部から模型、映像、図面、写真など多様な資料情報が集められ、四〇〇〇平方メートルの会場が狭く感じられるほどの内容があり、二〇〇年間の構築の歴史が視覚的に現前する風景は感動的で、たった二〇〇年間でこれだけのことが起きたのかと知る驚きがありました。中でも⑴の鉄鋼には、現代の私たちの世界をつくり上げた原点がパノラマ的に展望でき、新鮮に感じられました。⑵鉄筋コンクリートのセクションには、ロベール・マイヤール（一八七二～一九四〇）の橋の模型、フェリックス・キャンデラ（一九一〇～九七）のHPシェルの模型などが展示され、⑶大空間構造のセクションには、世界の建築史に輝く丹下健三（構造：坪井

図4・2　《ポンピドゥー・センター》「エンジニアのアート」展。一九九七年　写真／著者

善勝）の《代々木国立屋内総合競技場》や村田豊（構造：川口衛）の空気膜構造などの模型が展示されました。

構築の歴史を推敲して振り返る中から今ある私たちの位置を見出し、次の方向を探る手立てになるという願いが企画に関わったメンバーにはありましたが、(4)の現代のセクションは、当然の話かもしれませんが、方向の見えない多様性と複雑性に満ちたものになりました。

鉄とガラス時代の幕開け

鉄と並行して技術革新が進められた素材にガラスがあります。世界最初の万国博覧会は一八五一年にロンドンで開かれました。その最も象徴的な建造物が《水晶宮》（クリスタルパレス）です。当時、イギリスとフランスは万国博覧会を開き、国力を誇示する競争状態にあったといえますが、イギリスが一歩先んじます。パリでは一八五五年、そして一八六七年、一八七八年、一八八九年、一九〇〇年に万国博覧会を開き、二〇世紀に入ってから植民地博やアール・デコ博などの特別博、そして一九三七年には世界博を催します。パリは世界のどの都市よりも多く万国博を開催しますが、その裏には国家の経済振興とともにパリという都市の近代化を図る目的がありました。各万博ごとに都市のインフラストラクチャーや大規模建築がつくられ、都市が変容していきます。

図4・3　一八六七年パリ万国博覧会のメイン会場パレ・ド・エクスポジション

図4・4　建設途中の《エッフェル塔》

パリ万博において、ロンドン万博のクリスタルパレスに対応するのはギュスターヴ・エッフェル（一八三二～一九二三）の設計施工による三〇〇メートルのタワー（後の《エッフェル塔》）でしょう。ジョセフ・パクストン（一八〇一～六五）の《クリスタルパレス》は長さ五六四メートル、幅一二四メートル、高さ三三メートル、延べ床面積九二〇〇〇平方メートルですが、それがたった四ヵ月半で完成され、エッフェルは二六ヵ月で三〇〇メートルのタワーをつくり上げました。

英仏は競い合っていましたが協力もしていました。たとえば《クリスタルパレス》建設には、その膨大なガラスを製作するために多数のフランス人のガラス吹き職人が参加しています。当時のガラス板は職人が吹いて円筒をつくり、それを広げてつくっていたため、多数のガラス職人が必要とされたわけです。

ガラスという素材の多様な応用――万博時代の展開

鉄の構造に寄り添うように登場してきたのがガラスです。ガラスは紀元前五〇〇〇年頃にすでに発見された素材といわれ、ローマ期にも天窓に使われていますが、大がかりに建築に導入されるのは鉄や鉄筋コンクリートが建築に使われる時代からです。

一九世紀最後のパリ万国博覧会（一九〇〇年万博）で建てられた最大の建築は、

図4・5《エッフェル塔》一八八九年。ギュスターヴ・エッフェル
写真／著者

図4・6《グラン・パレ》一九〇〇年
写真／著者

鉄とガラスによる《グラン・パレ》です。万博後もガラスの大屋根に覆われたその巨大空間は、今日に至るまで様々な展示、インスタレーション、競技の場として使われています。ガラス屋根に覆われた都市とでも呼べるスケールは、自然光に満ちた空間としても圧巻です。

　ガラスはまた万博という祭典の時代に建築からワイングラスに至るまで、人々の生活の中に入り込んできます。ガラスは鉄とともに、今日に至るまで人間の環境に溶け込んできたまさに主素材といえます。

ルネ・ラリック

エッフェルの三〇〇メートルのタワーがパリの空にそびえた一八八九年の万博において、若い宝飾デザイナーがデビューします。ルネ・ラリック（一八六〇〜一九四五）です。アール・ヌーボーの時代に奇抜な宝飾デザインで著名になったラリックはその後、宝石よりもガラスに惹かれていき、新たなガラスの製法を考えるとともにアール・デコのデザインを展開していきます。一九二五年のアール・デコ博覧会、一九三七年の世界博覧会では、ガラスのレリーフを積み上げた巨大な噴水をつくり上げています。一九二五年のアール・デコ博にはラリック館も登場しています。三〇〇メートルタワーや機械館など巨大な構築物とともに、新たな技術とデザインが人々の生活の日常に入り込んだことがラリックの歩みを見る

図4・7　ルネ・ラリック（一八六〇〜一九四五）　写真／L' Oeuvre De Verre De Rene Lalique 1860-1945

図4・8　ガラスの噴水一九二五年のアール・デコ博覧会。ルネ・ラリック写真／L' Oeuvre De Verre De Rene Lalique 1860-1945

と浮かび上がってきます。

二〇〇〇～〇一年にかけ、そごう美術館（横浜）、ラリックの作品であるガラス扉、シャンデリアがある東京都庭園美術館、京都国立近代美術館において「ルネ・ラリック　1860—1945」展が開かれました。展覧会の企画にあたったパリの装飾美術館の元館長イヴォンヌ・ブリュナメール女史の依頼で、このときの展示空間デザインに携りましたが、ラリックの作品のもつ輝きを完璧に見せる展示の工夫に加え、その時代の背景をしっかり観客に見てもらうこと、ラリックを「時代の精神」として見てもらうことをコンセプトとして会場をデザインしました。

近代建築のガラス

前章で一九世紀のガラスを用いた大空間であるヴィットリオ・エマヌエレⅡ世のガレリアやガラスブロックの建築（《ダルザス邸》と《カサ・デル・ファッショ》）については触れました。また、透明なガラスによる近代建築の成果については多くの著述があるので割愛させていただき、ここでは透明なガラス建築の代表的建築家ミース・ファン・デル・ローエのもう一つの側面に触れておきたいと思います。

近代建築においてガラスを正面に押し出してガラスによるデザインを決定的な

図4・9　「ルネ・ラリック一八六〇—一九四五」展、二〇〇〇～〇一年。展示デザイン／岡部憲明アーキテクチャーネットワーク　写真／平剛

ものとして象徴させたのはミース・ファン・デル・ローエによる、実現されなかった摩天楼計画でしょう。美しいモノトーンのドローイングと模型のモンタージュによる写真は近代、現代を通して私たちに直結してくる力をもっています。ミースはこれらの計画でガラスのもっている透明性のみならず、その反射性がもたらす造形の力と可能性を的確に捉えています。ミースはナチスの迫害を避けて一九三八年、アメリカ合衆国に亡命し、その後シカゴで活動しますが、おそらく彼が現実にアメリカで創り上げた美しいプロポーションのスカイスクレーパー以上に、この最も初期のプロジェクトは、より高いガラス表現の可能性を先取りしているように私には思えます。

一九世紀から二〇世紀初頭、鉄はまず鋳鉄、錬鉄が使われ、《エッフェル塔》には錬鉄が用いられましたが、鋼鉄（スチール）が徐々に主体となっていきます。今日ではより高強度の高張力鋼や熱に強い耐火鋼、高い靭性をもつダクティル鉄など用途に応じて新たな鉄鋼が生産され、建築に応用されています。

ガラスは強度の高い強化ガラス、大きな面積を平滑な表面仕上げでつくることのできるフロートガラスなどを基本に、フィルムを二枚のガラスにはさみ込み飛散を防ぐ合わせガラスや、二枚のガラスの間に空気層をはさみ断熱性能を上げた複層ガラスなどが生産されています。具体的な今日の建築の中で応用された鉄と

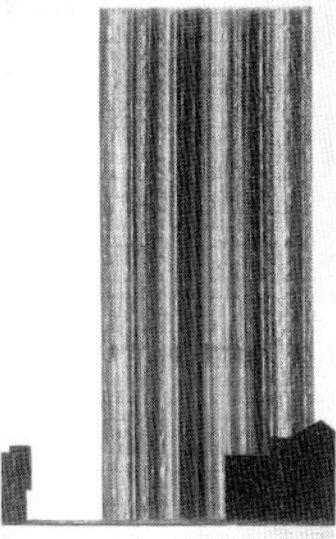

図4・10 「ガラスのスカイスクレーパー案」一九二二年。ミース・ファン・デル・ローエ
図版／MIES IN BERLIN

図4・11 「フリードリヒ街のオフィスビル案」一九一九年。ミース・ファン・デル・ローエ
図版／MIES IN BERLIN

ガラスについて触れてみたいと思います。

現代の鉄とガラスの建築

《ポンピドゥー・センター》

一九七七年に完成したパリの《ポンピドゥー・センター》は一見帆船のようにも石油精製工場のようにも見られ、石づくりのパリの街並みとは大いに異なった建築です。約一六〇メートル×五〇メートルの平面が地上六層に積み上げられていますが、室内には柱が一本もありません。文化施設の内容がどのように、変化しても対応できるフレキシビリティをもてるようにこの構造方式が採用されています。広場のある側には人の移動のためのエスカレーター、エレベーター、回廊が設けられ、反対側の立面には空調のダクトや電気配管、給排水パイプなどが設けられています。

橋梁技術で開発された構造方式を建築に応用していますが、梁や柱の部材には鋳鋼（鋳型に鋼を流し込んでつくる）が使われ、一九世紀の大空間建築に使われていた鋳鉄のもつやわらかく細やかな表現を再生しています。一見、強烈な表現に見えるこの建築は近づいてみると鋳鋼のもつやわらかな表現や、緻密にデザインされたジョイントのきっぱりとした表現によって、人間的なスケール感を獲得しています。圧縮材の主柱と引張材の丸鋼をつなぐ重さ一〇トン、長さ八メー

図4・12 《ポンピドゥー・センター》を広場（ピアッツァ）側から見る
写真／G.B.Gardin、提供／RPBW

図4・13 ガーブレット部分
写真／著者

トルのガーブレットと名づけられた鋳鋼の部材がこの建築のエッセンスともいえ、建築家、エンジニアが一番力を注いだ部分です。

ピーター・ライス

このガーブレットに鋳鋼を使うことを提案したのは、ARUPに所属していたピーター・ライスというアイルランド出身の構造エンジニアです。ピーター・ライスとは、この《ポンピドゥー・センター》から《関西国際空港旅客ターミナルビル》のプロジェクトに至るまで二〇年近くにわたり、多くのプロジェクトにともに関わってきました。彼が最も気にしていたのは、構造形式や計算方法以上に素材の選択であったように思います。

ピーター・ライスが最も尊敬していたARUPの創設者オブ・アラップ（一八九五〜一九八八）は、鉄筋コンクリートを用いた優れた作品をつくり上げています。アラップの素材と構法、そして環境への配慮の姿勢をピーター・ライスは継承して、自らはより多様な素材を用いたエンジニアリングの可能性を追求しようとしていました。《ポンピドゥー・センター》竣工のすぐ後、イタリアのジェノバにレンゾ・ピアノと組んでピアノ・アンド・ライス・アソシアティ（一九七八〜八〇）という研究組織をつくり（私も石田俊二とアソシエートとして参加しました）、新たな素材の可能性、より社会的な建築家の参加などをテーマとしてイ

図4・14 《ポンピドゥー・センター》の建設風景　写真／Piano & Rogers

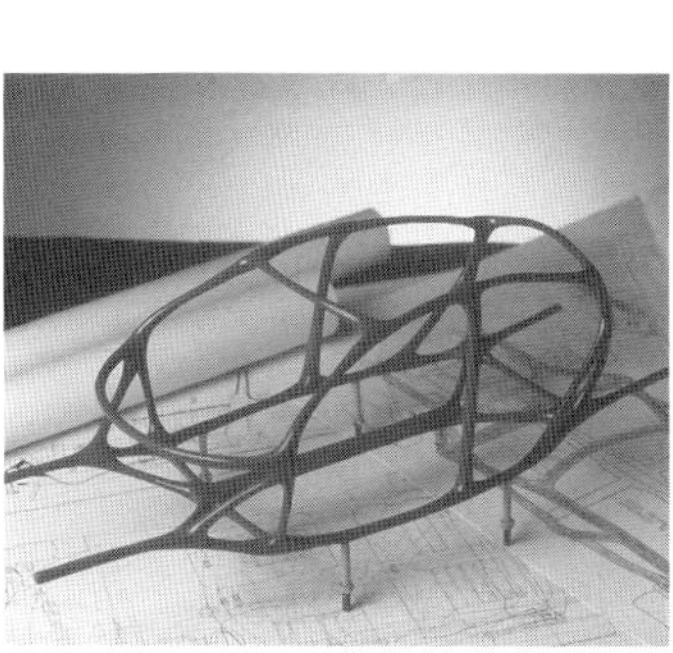

図4・15 FIAT・VSSの模型。ピアノ・アンド・ライス・アソシアティ提供／NOAN

タリアを中心に三年間ほど活動しました。

当時、最大のプロジェクトはトリノの自動車メーカー、「ＦＩＡＴのためのコンセプトカー」の設計と、ユネスコとイタリア国営放送（ＲＡＩ）と組んで行ったオートコンストラクション（自力で建設すること）と住民参加をテーマにしたテレビ番組でした。ＦＩＡＴのプロジェクトは私自身が担当でしたので、ピーター・ライスとともに新たな素材である様々なプラスチックスやスチール・プレート（鋼板）を、ロボットによる点溶接を使って線的構造体に仕上げる方法、接着技術の応用など、全く建築では出会うことのない技術と向き合いながら、およそ二年間にわたる日々を過ごしました。これらの経験を建築に応用したのが、後にご紹介するＩＢＭ巡回展示パヴィリオン計画です。この車のプロジェクトで、ピーター・ライスは構造計算方法の開発と部材の接合方法に大きな関心を寄せ、それらをその後多くのプロジェクトに展開していきます。

他の分野との交流の中から、今まで考えてもみなかった可能性が見えることを学びました。ピアノ、ライス、石田俊二と私のほんの小さな四人だけのチームで過ごした三年間は、今思うと不思議な、そして豊かな時間でした。

《関西国際空港旅客ターミナルビル》の屋根構造

翼を広げたグライダーのような曲面形態をもつ《関西国際空港旅客ターミナルビ

図4・16　ピーター・ライス（一九三五〜九二）　写真／著者

図4・17　左より筆者、レンゾ・ピアノ、石田俊二（ジェノバにて）　提供／ＲＰＢＷ

ル》の九万平方メートルにもおよぶ大屋根には、約一万トンの鋼材が使われています。日本国内の製作に加え、イギリスのボルトン（マンチェスター付近）で製作されたものが海上輸送されて組み立てられました。

チェックインカウンターや税関、パスポートコントロール、商業施設などが入る中央部分の、国際線出発エリアと国際線到着ロビーをもつ吹抜けゾーンの屋根の構造は、八〇メートルスパンの非対称アーチを描く立体トラスの大梁でつくられ、出発ラウンジのある一七〇〇メートルの長さの滑走路側のエリアは、鋼管を組み合わせたシェル（貝殻）構造（ラティス・シェル）でつくられています。

鋼管シェル構造の採用により、きわめて細い構造材直径三〇〜四〇センチの円チューブと二五センチ角の角チューブが高さ最大一五メートルを越える長大な空間を軽やかに覆っています。部材の細さとともに部材同士を立体的に組み立てることで視覚的に軽やかに見える工夫を試み、またピン接合を用いることで精密なディテールで大空間のもつ荒々しさを取り去っています。回転体の幾何学に基づく形態に沿った細やかな構造材は空間に繊細に露出し、巨大な葉脈に包まれた表現となり、大空間を視覚的にやわらかなものに変えていきます。

これらの構造部材の組み立ては手間のかかるものでしたが、設計、製作、施工のすべてのプロセスにおける国際的な協力体制の中で見事に実現しています。

中央部の大梁は、梁を形成する円チューブの部材の外形を変えずに応力に従っ

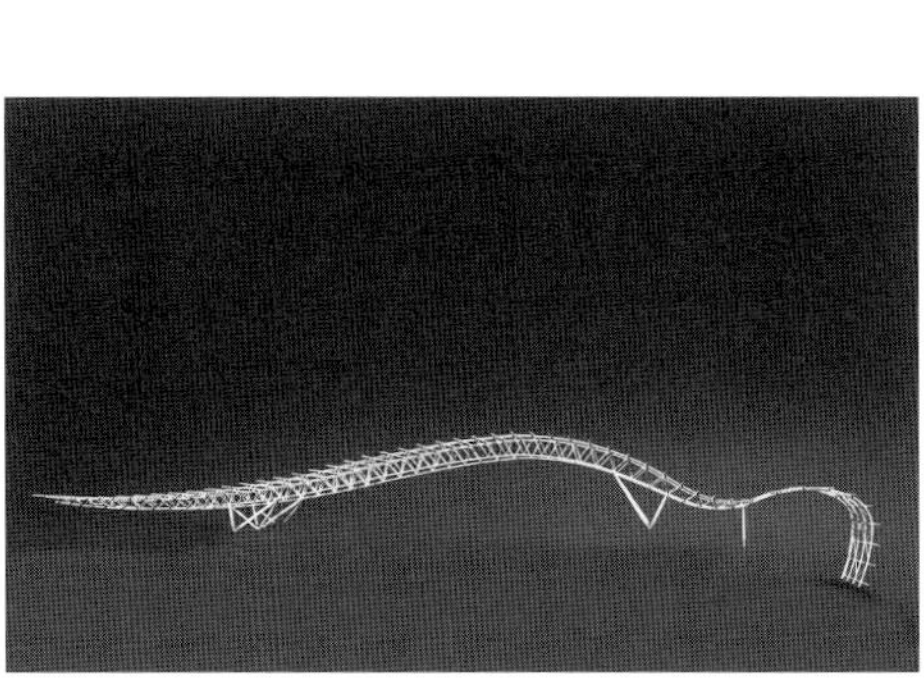

図4・18 《関西国際空港旅客ターミナルビル》の構造模型
写真／RPBWJ

て内厚を変える方法で、一五〇メートル続く連続性を表現し、鉄骨造のゴツゴツした表現を消し去っています。もちろん、ボルトもほとんど見せない工夫を全体に施し、軽やかでありながら包みこむやさしさのある大空間が導かれています。

《ルーヴル美術館》の逆さピラミッド

大ルーヴル計画はミッテラン大統領のグラン・プロジェ計画の中でも最大のものでした。建築家は中国系米国人のイオ・ミン・ペイ（一九一七〜）です。一般によく知られる主入口のピラミッド（大一、小四）の他にもう一つのピラミッドがあります。地下に自然光を取り入れるガラスの逆さピラミッド、ガラス自体を構造体としても使い、引張材のケーブルとステンレスの圧縮材を組み合わせたテンシグリティ構造とガラスと金属のハイブリッド構造による巨大な自然光のシャンデリアです。アルヴァ・アールトが《アカデミア書店》で試みたガラスのダイヤモンドの天窓をさらに巨大で複雑な構造によってより純粋な表現に達し、ガラス建築の新しい方向を示したものです。

ピーター・ライスは一九九二年に帰らぬ人となりましたが、彼の最後の作品の一つとなり、パリにある彼のエンジニアリングオフィスＲＦＲによって実現されたものです。《ルーヴル美術館》のガラスのピラミッドの中を降り、地下の入口ホールからチュイルリー公園の方向に目を向けると廊下奥に明るく白く輝く、この逆

図４・19《関西国際空港旅客ターミナルビル》全景　写真／樋渡貴治、提供／ＮＯＡＮ

さピラミッドを見つけることができます。ピーター・ライスが最後に追いかけた素材はガラスであり、彼はガラスを構造体に使う方法を開発して特許をとっています。今、日本でもあちこちで見られるＤＰＧ工法といわれるものです。

近海連絡線ターミナル――鋼板によるシェル構造

建築では鉄鋼の主構造体としてＨ型鋼やＬ型鋼、円筒チューブや角チューブのような線材が用いられることがほとんどですが、造船や自動車では主として鋼板が使われます。

実現したプロジェクトではありませんが、鋼板による造船技術を応用して試みた海上輸送のターミナルビルの計画があります。一〇〇メートルほどの長さの空間をメビウスの輪のようにねじった鋼板で覆い、その両端を柱で支えるという構造です。

曲面の構造的効果をねらい、さらにメビウスの輪のつくる内部空間の視覚的豊かさと、内部から見て切りとられ変化する外部の風景に独特なものが生み出せることに着目した提案でした。実際に構造エンジニアの播繁《ばんしげる》さんに構造解析をしてもらうと、力学的には実にうまく作用し、一〇〇メートルスパンをたった一三ミリ厚の鋼板で覆うことができるという喜ばしい結果が出ました。

同時に造船会社に問い合わせたところ、この曲面ならきわめて低いコストで製

図4・20　《ルーヴル美術館》の逆さピラミッド　一九八九年。イオ・ミン・ペイ、構造設計：ＲＦＲ（ピーター・ライス）　提供／ＲＦＲ

作できそうだとの回答もえて、異なった分野の技術をもちこむときの経済効果を確かめることができました。加えてこの建築の敷地のすぐ近くに大きな造船所がありましたから、一〇〇メートル長全体をつくってそのまま水上クレーンで運べば、あっという間に建設することができます。

レンゾ・ピアノ・ビルディング・ワークショップに所属していた頃、イタリアで七万五〇〇〇トンの船舶のプロジェクトでえた知識と、コンクリートシェル構造に対する関心、それにメビウスという幾何学形態への興味をすべて合体したような案ですが、それらが与えられた敷地にぴったりと合い、パズルがすべて解けた痛快なプロジェクトでした。

鋼板の利用は、造船、橋梁では主構造材として使う例が多くありますが、小規模建築においては、ジャン・プルーヴェが様々な開発をしています。今後機会があれば、このプロジェクトのように鋼板を大胆に建築でも使ってみたいと思っています。

その他の素材とデザインの可能性

鉄筋コンクリート

鉄筋コンクリートは、おそらく現在多くの人々に最もなじみ深い建築の主要材料といえます。鉄筋コンクリートは、はじめ花木を入れる鉢の材料として開発され

図4・21 「佐世保近海連絡線ターミナル公開設計競技優秀案」二〇〇一年。岡部憲明アーキテクチャーネットワーク 写真／NOAN

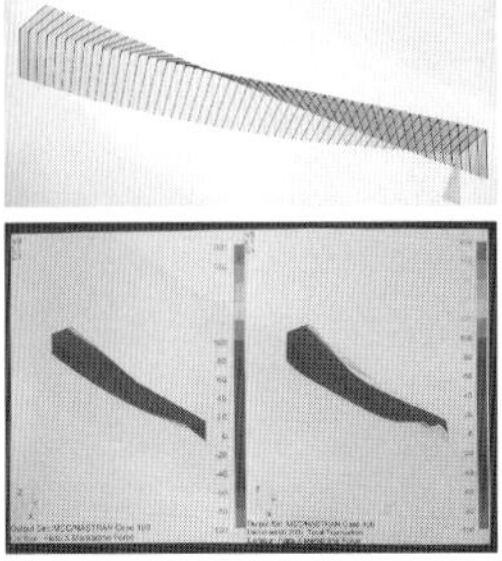

図4・22 「佐世保近海連絡線ターミナル」構造解析図 図版上／NOAN 図版下／播設計室

たといわれています。鉄の建築への導入より少し遅れて使われ始めますが、その容易な製作工程により急速に普及していきます。様々な近代建築がこの材料を使って実現され、今日に至るまで広範囲にわたって現代建築の多くを支えている材料といってもよいかと思います。

近代建築史の名著『空間・時間・建築』[*1]を著したジークフリード・ギーディオン（一八八三〜一九六八）は、その著書の中で、スイスのロベール・マイヤールが架けた鉄筋コンクリートの橋のもつ美しい機能的技術的美をもって近代建築の始まり、とまでいっています。鉄筋コンクリートは、その形状作成の自由度によってオーガニックな形をつくり上げることができ、マイヤールは応力の流れを形へと表現して新たな美に達したわけです。

鉄筋コンクリートの技術が新たな造形性を導いたものに、コンクリートシェル構造があります。シェルとは貝殻の意味です。貝殻のように、薄い膜で鉄筋コンクリートの強固な構造をつくり上げます。

技術者であり建築家で施工者でもあったフェリックス・キャンデラは、HPシェルというシェル構造で美しい空間をつくり上げました。彼の最初のHPシェルの作品、《宇宙線研究所》の屋根は最薄部でたった一・五センチの厚さのコンクリートの曲面でした。キャンデラの多くの建築はメキシコにありますが、大地震にあってても彼の軽やかな薄いコンクリートシェルの建築はビクともしなかったと伝えら

＊1　S・ギーディオン著、太田実監訳『空間・時間・建築　1、2』丸善（一九五四、一九五五年）

図4・23　《ポンピドゥー・センター》「エンジニアのアート」展に出品されたソルミチコのレストラン模型。フェリックス・キャンデラ
写真／著者

れています。

近代の建築家バーソルド・ルベトキン（一九〇一〜九〇）と、デンマーク生まれの偉大なエンジニア、オブ・アラップの手によって、一九三〇年代、ロンドンの動物園にペンギンのためのスロープがつくられました。[*2] 薄肉コンクリートの傑作です。

鉄筋コンクリートの今日の技術として、最も重要なものにプレストレス構法があります。鉄筋コンクリートにあらかじめ引張力をかけることで効率的な耐力をもたせ、部材の寸法を小さくすることができるきわめて合理的な構法で、フランス人の技術者ユージェーヌ・フレシネ（一八七九〜一九六二）によって考案されました。

フレシネは一九二〇年代に、この構法によりパリ南のオルリー空港に巨大な飛行船の格納庫（長さ三〇〇メートル、幅九〇メートル、高さ五六メートルの放物線アーチ断面）をつくりました。残念ながらこのプレストレストコンクリートの大空間建築はナチスの手で解体されてしまい、今日見ることはできませんが、《ポンピドゥー・センター》の「エンジニアのアート」展の機会にこの格納庫の建設の様子を記録したフィルムが発見され、会場で上映されました。

プレストレス構法は長い間、日本では認可がなかなか下りませんでしたが、今日では確実な進歩を遂げ、地震国においてもスマートなサイズの柱や梁が使える

図4・24　ロンドン動物園のペンギンのスロープ。一九三四年。バーソルド・ルベトキン。構造設計：オブ・アラップ　写真／著者

＊2　このプールは保存されているが、ペンギンは別の施設に移されている。

ようになり、建築家を喜ばせています。

鉄筋コンクリート構造の最も華麗な実現は、《シドニー・オペラハウス》でしょう。国際公開コンペにより選ばれたデンマーク出身の建築家ヨーン・ウッツォンに構造家オブ・アラップが協力して実現したプロジェクトです。複雑な球面ジオメトリーの組み合わせは、プレキャストコンクリートによってつくり出されました。はじめて大型コンピューターにより解析を導入し、形態と構法の様々な試行錯誤を繰り返し、長年月をかけたこのプロジェクトは、その後の大規模な建築への教訓を与えてくれました。ウッツォンが不幸にもプロジェクトから離れた後、アラップに協力して完成へと導く重要な役割を果たした三上祐三さんによって書かれた『シドニー・オペラハウスの記録』から、私自身も多くを学びました。

プラスチックス、集成材、ハイブリッド、膜

主要な建築材料は、今まで述べた鉄鋼、鉄筋コンクリート、ガラスであるといえますが、それ以外にも新たな素材が登場しています。建築材として間伐材の利用が進められる中で、木材を接着剤で貼り合わせ、狂いの出ない大断面の構造材をつくる集成材や、この集成材と鉄鋼を組み合わせた複合構造（ハイブリッド構造）などの実現が増えてきました。木の味わいや色調のある空間をつくれる点で大きな効果があります。長野オリンピックのスケートリンク《長野市オリンピック記

念アリーナ》（Mウェーブ）に使われたのも、集成材とスチール・プレートによるハイブリッド構造です。

幾例ものスポーツ施設の屋根に膜構造が利用されています。膜にはテフロンコーティングを施したガラス繊維の布が使われることが多く、この膜には汚れがつかず、明るい白色を半永久的に保つことが可能です。空気膜構造の《東京ドーム》の屋根には、このテフロン膜が使われています。《関西国際空港旅客ターミナルビル》では、最上階の大空間の空調と照明のための吊天井にテフロン膜を使っています。

次に、建築ではいまだに積極的には利用されない素材、プラスチックスを大掛かりに使った建築の例をご紹介します。私がヨーロッパにいる間、レンゾ・ピアノ・ビルディング・ワークショップで関わったプロジェクトの中でも最も特異なプロジェクトでした。

《IBM巡回展示パヴィリオン》
ヨーロッパの子供たちに、科学技術とコンピューターの可能性について理解してもらう展示のための計画で、一三台のトラックにパヴィリオンの建設部材を乗せて移動しながら、ヨーロッパ内三〇都市を回りました。各都市とも、一ヵ月ほどの展示期間、二週間の設置期間、一週間の解体期間のスケジュールで、実際

図4・25《エッフェル塔》の対岸に設置された《IBM巡回展示パヴィリオン》
写真／G.B.Gardin、提供／RPBW

には二つのパヴィリオンを交互に使い三年間にわたって実現したプロジェクトです。

企画や建築自体の構成のユニークさは、レンゾ・ピアノやピーター・ライスとともに携わったプロジェクトの中でも群を抜いていました。その少し前に関わっていた「FIATのためのコンセプトカー」で学んだプラスチックスや接着技術を、とことん建築に生かすことができたプロジェクトとしても意味があったと思っています。

主材料は戦闘機やヘリコプターなどに使われる透明で強度のあるプラスチックスの一つ、ポリカーボネイト、ヨットのマストなどに使う集成材（木材）、アルミニウムの鋳物、ステンレスの接合部品などです。

鋼材は床の梁、コンクリートは基礎と、いわゆる建築の構造材料は見えないところにあるだけでした。軽くて透明なこのパヴィリオンは、マイナス四〇度からプラス五〇度までの外気温の条件にも耐えられるように設計が進められ、真夏のスペインや真冬のコペンハーゲンなどに実際に設置されました。

このパヴィリオンが建てられる敷地は、都市の中で子供たちが普段遊んでいる公園の一部が選ばれ、あたかも昔からそこにあったかのように、周辺には植栽を施してデザインしました。第一回目はパリで、《エッフェル塔》の対岸にあるトロカデロ宮の庭園の一角に設置しました。ちょうど一八七八年のパリ万国博覧会

図4・26《IBM巡回展示パヴィリオン》建設風景。パリにて
写真／著者

図4・27 ミラノで開催された《IBM巡回展示パヴィリオン》
写真／G.B.Gardin、提供／RPBW

で日本の茶屋が置かれたあたりです。

カーボンファイバーの可能性

今日、最も注目される素材にカーボンファイバー（炭素繊維）があります。鉄の一〇倍の強度をもち、四分の一の比重、軽くて強い夢のような素材ですが、製作工程の複雑さなどで価格は高く、軽量化が最も必要とされる航空機の分野を中心に活用されています。

カーボンファイバーを他の素材と組み合わせて使うデザインを試みました。鋳造アルミをカーボンファイバーと組み合わせ、優雅な弓形の小柱を連立させた橋梁のフェンスです。鉄道と交叉する道路橋の両側に、鉄道への落下防止の目的でつくられました。三・四メートルの高さの小柱は、カーボンファイバーの組み合わせにより十分な強度と軽量化を実現しています。

新しい素材の応用に建築の世界は慎重です。安全性が人間のための環境の基本だからです。しかし、新たな素材のもつ可能性を追求することは、すでに存在し、よく知られた素材の潜在的可能性を探ることと同時に重要で、新素材と既存の素材の組み合わせ、異なる素材の合体（ハイブリッド）も建築技術の大切なテーマといえます。

図4・28《Mブリッジ》二〇一一年。岡部憲明アーキテクチャーネットワーク
写真／NOAN

可視化のテクノロジー

建築デザインにおけるコンピューターの高度な計算力の果たす役割には、構造力学の解析における進歩が、まずあげられるでしょう。個々の建築のもつ形態やヴォリューム、素材の特性に応じた力学上の解析がより確かに多様に行われるようになり、より安全かつ自由な建築デザインの可能性が生まれています。力学的分析とともに過去にはできなかったことが可能になったのは、建築における環境に対する分析の進歩でしょう。

手にとることのできない非物質的存在、空気や光に対する検討をコンピューターを使った可視化のプログラムが可能にしてくれます。構造力学における力の流れの可視化、環境設計技術における空気や光、熱の可視化はエンジニアリング（技術）とデザイン（形態化）を結びつけてくれます。私たち建築家は可視化のテクノロジーにより直接的に、よりわかりやすく技術と向かい合うことができます。どのような空間になってどのような色でどんな形か、といったデザイン上の可視化もコンピューター・グラフィックスを使ってわかりやすく説明できるようになりましたが、設計者にとってはすでに模型や図面でのシミュレーションを長い歴史的蓄積の中で行ってきているので、それほど新しいことではなく、逆に建築空間、建築形態を立体と色彩で表現するＣＧはフェイク（いつわり）の図のように見えてしまうこともよくあります。他者へのプレゼンテーションで重要でもデザインする側にたつとき、人間のもつ身体性、知覚性をしっかりと意識して判断する必要があります。設計上では模型や図面や材料サンプル、そしてモックアップといわれる部分実寸模型などが、コンピューターによる3D画像での部材構成、構造力学的応力分布、空気の流れ、熱の分布、そして音響の変化、光の分布と変化などの今日的検討の方法と一体として考える大切なデザインプロセスなのです。

　技術における現象の可視化は、歴史上はじめて現代の私たちが手に入れることができた新たな道具です。コンピューター・グラフィックスを利用した力学、環境現象の可視化は大変大きな可能性を与えてくれます。

クモの巣の解析

車の設計をしていた当時、車の設計の構造解析の基本は、衝突吸収とねじれ剛性にあると、ピーター・ライスから教えられました。ピーター・ライスとＡＲＵＰの数学解析グループはすでに建築における構造破壊のプログラムを開発していて、《ポンピドゥー・センター》の折にも適用していたので、これを車の衝突吸収のプログラムにあてはめることを考えていました。

　その後、このプロジェクトが終わった後に、さらにこのプログラムを発展させるために実にユニークな研究を彼らは続けていました。アメリカ人の数学者ロー

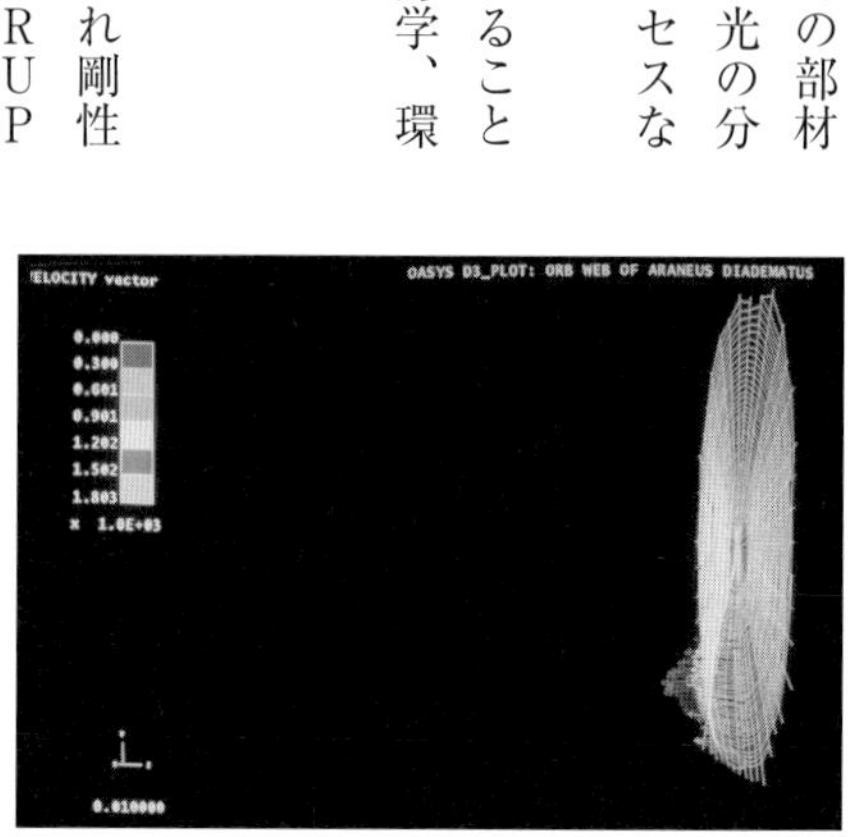

図4・29「クモの巣」のコンピューター・シミュレーションモデル。ローラン・リン　提供／ＡＲＵＰ

ラン・リンがＡＲＵＰのサポートを得て開発したのは、クモの巣のダイナミックな力学的特性をさぐるコンピューター・シミュレーションモデルでした。

リンは、大学の生物学者、クモの研究者とともに実際のクモの生物学的研究成果を数学的におきかえることに没頭していたわけです。「この複雑なプログラムがどう役に立つかは、私にもわからないけれど」、そういいながらモニター・スクリーン上で大きな「ガ」がクモの巣にぶつかるときに、巣がその巨大なエネルギーを吸収する様子を見せてくれました。ダイナミックな構造解析の可視化のモデルはとても美しく、今日のエンジニアリングが果たせる可能性を暗示してくれたように思えました。このような解析が、建築の構造デザインに新たな道を開いてくれることは明らかです。これらの方法は、ＡＲＵＰにより実際に車のバンパーの設計に生かされています。膜構造といわれる布を使った分野では複雑な力の配分の検討が必要で、「クモの巣」の研究はまずこれらの分野で生かされていくことでしょう。

空気を見つめる、自然光を知る

一八八九年、三〇〇メートルのタワーをパリに建てたギュスターヴ・エッフェルは、その後、風を科学するためにタワーの下に風洞をつくります。

今日も直進型の風洞はエッフェル型と呼ばれています。このエッフェルの風洞

図4・30　ギュスターヴ・エッフェル（一八三二〜一九二三）
写真／GUSTAVE EIFFEL

図4・31　エッフェルによる風洞実験
写真／GUSTAVE EIFFEL

はその後、セーヌ川の対岸のオトイユ地区に移設されます。エッフェルは晩年この風洞を使い、航空機の設計も行っています。橋の設計、塔の設計から、空を飛ぶ航空機の設計へと進んだわけです。この風洞は今日、フランスの建設技術研究機関CSTBに所属し、現役で活動しています。

風洞による風の分析は、コンピューター・シミュレーションが進んだ今日でも重要な手段です。構築物の受ける風の力を知るには重要であるとともに、自動車、航空機、船舶の研究にも欠かすことはできません。風洞は風がどう作用するかを数値とともに目に見えるように表示してくれることで、エンジニア、デザイナーにとって重要なツールです。

今日ではこの風洞実験とともにコンピューター・シミュレーションによる空気の流れの可視化の技術も進み、とりわけ建築内部の環境条件を検討する上で大いに役立っています。

《関西国際空港のターミナルビル》では大空間の空調に風洞実験とシミュレーションが使われましたが、大空間のみならず超高層ビルの空調システムなどにも風洞実験、シミュレーションの可視化の方法が取り入れられ、建築の形態、空間のヴォリュームを決める手段となり、火災時の空気、煙の検証にも役立てられます。

人工の光はそれなりに解析、シミュレーションもできますが、自然光を導入し

図4・32《関西国際空港旅客ターミナルビル》オープン・エアダクトの間接照明シミュレーション　写真／ARUP

たときの解析は、かなりの複雑度をともないます。《関西国際空港旅客ターミナルビル》の折にもARUPのチームと天窓の設計のシミュレーションをスタートさせ、天窓のルーバーの形状のデザインを検討しましたが、コスト削減でこの実現はなりませんでした。今日ではより精度の高いプログラムにより、電動装置は使わずに太陽の方位との関係から固定のルーバー形状を決めてつくることで、自然光をコントロールすることが可能になってきています。

これらの技術は主に美術館施設などでまず使用されるものですが、今後、確実に多くの建築に適応されることになると思います。

コンピューターの計算能力によって、より自然を理解し適正な対応ができることは、地球環境への配慮、省エネルギーの点からも望ましい今日の可能性の一つであると思っています。

3Dプリンターによるモデリング

コンピューターの計算能力を積極的に応用できるもう一つの大きな可能性が、3Dプリンターによるモデリングです。金型製作など今後最も期待される工学への応用に加え、家具、車のデザインモデル、建築の模型などへの応用が拡大しています。

細かい粒子を積層し融合していく3Dプリンターでは、複雑な建築形態を外部のみならず内部空間を含めてつくり上げることができます。私たちもいくつかの

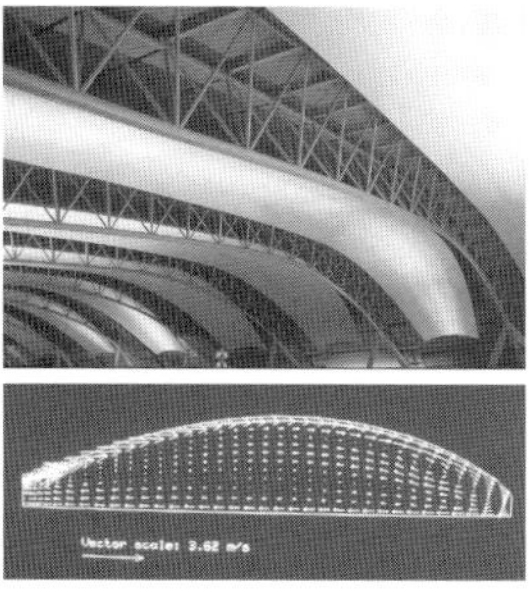

図4・33　オープン・エアダクト。下はその空調シミュレーション　写真上／G.B.Gardin　写真下／ARUP

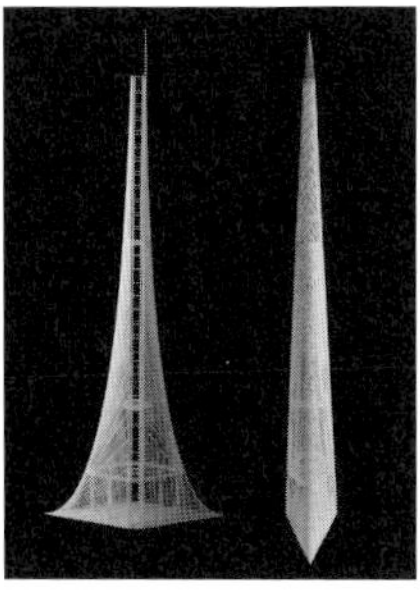

図4・34　鋼管HPシェルのタワー、3Dプリンターによるモデル。二〇〇六年。岡部憲明アーキテクチャーネットワーク+佐々木睦朗構造計画研究所　写真／NOAN

家具デザインのモデルに加え、きわめて小径のパイプでつくり上げる八〇〇メートルを超える超高層鋼管ＨＰシェルのタワーのモデルを作製してみました。他の方法ではつくれなかった繊細な加工ができ感心しました。

しかし、モデリングは正確な縮小や再現だけが重要なわけではありません。コンセプトを示すペーパーモデルや粘土の模型など、プロセスに応じて様々なモデリングの積み重ねが重要です。３Ｄプリンターはデザイナーにとってきわめて有効であるとともに、思考のプロセスにおけるより簡素な方法に変わるものではないことを忘れてはいけないと思います。ルネッサンス以来の思考のツールであった素描や模型のもつ力を忘れずに、デザインする側の人間の感性や知覚の体験を組み合わせた批判力、評価力を使いながら応用していくプロセスを積み上げた上で、３Ｄプリンターを使って精密化していくことが肝心かと思っています。

デザインと技術の交配

本書冒頭にあげた建築家《アーキテクト》ブルネレスキは、今日で考えればエンジニアでも施工者でもあったといえます。イタリアでは車のデザイナー、家具のデザイナーもアーキテクトと呼ばれるのが常です。アーキテクトの名称には、技術を含め様々な要素を統合してまとめ、形へと導く役割が示されているからかもしれません。

ＦＩＡＴの車の設計や、客船のデザインに関われたのは、こうした幅のあるアーキテクトの役割があったからなのでしょう。エンジニアとアーキテクトの役割は、国や地域の制度、歴史によって様々ですが、私自身はイタリア的多様性を含んだ見方が気に入っています。アーキテクトは建築やデザイン製品を人間の側に立って判断してまとめあげる、そうした役割をもっていると思っています。技術が時代とともに変化し、基準や制度、社会の動向も変化する中、ゆっくりと変化もしくは不変な部分をもち続けている人間性の本質を考えていくことは、デザインをまとめあげるときに忘れてはならないパラメーターです。人間の身体性、知覚に対する配慮をもちつつ、技術（エンジニア）と対峙する必要があると思います。

建築、デザインを一つの成果にまとめあげるには、建築家、デザイナーの側の技術を理解する努力とともにグローバルな認識をもつエンジニアの協力が肝心です。ピーター・ライスやＡＲＵＰのエンジニアたちをはじめ、日本の構造エンジニア、環境エンジニア、施工者の多くと充実したコミュニケーションの中でプロジェクトに関われる機会が多かったことは幸いでした。地域の違いや経験の差異があっても、建築家、デザイナーとエンジニアが開かれたコミュニケーションを共有し、新たな創造に向かうことが可能性を開く鍵であると思います。もちろんすべての背景には、プロジェクトを支える発注者のサポートと理解があってのことですが。

図 5.1　《サンマルコ広場》洪水の日の風景　写真／G.B.Gardin

第5章　外部空間をつくる

トポフィリア――聞き慣れない言葉ですが「場所愛」と訳すのでしょうか、現象学者イーフー・トゥアンが、特定の場所に対する人間の愛着について「トポフィリア」[*1]のタイトルで著作を手掛けています。彼の言葉を聞いてみましょう。

「『トポフィリア』という言葉は新造語であり、物質的環境と人間との情緒的なつながりをすべて含むように広く定義できるという点で、便利な言葉である。環境とのこうした情緒的なつながりは、その強さも微妙さも表現様式も、きわめてさまざまである。環境への反応は、まず第一に審美的なものかもしれない。そしてそれはまた、人が眺望から手に入れるはかない喜びから、同じようにはかないが、しかしはるかに熱烈な、突然啓示的に現われる美的感覚まで、さまざまにわたりうるのだ。その反応は、空気や水や土の感触からもたらされる喜びのように、触覚的なものかもしれない。もっと永続的で、しかし表現するのはもっと容易でないものは、そこが故郷だったり、思い出の場所だったり、生計を立てる手段であるという理由から、人が場所に対してもつ感覚である」

誰にでもその場に行くと、ほっとするところがあるのではないでしょうか。豊

＊1　イーフー・トゥアン著、小野有五、阿部一訳『トポフィリア―人間と環境』せりか書房（一九九二年）

かな風景を見ることのできる場所であるとは限らず、小さな街角や公園の片隅、ある建築の前、行きつけのカフェの席……、日常のうちに見出せるほっとする空間や人生の節目にまた訪れたい場所など、個々の人々にとって大切な空間や場所には人間らしい感覚が呼び戻されてくるようです。

小さな村から巨大都市に至るまで、人工の構築物が風景に侵入し、建築が集積していくとき、構築物と風景との関わり、建築と建築の間の空間をどう形成していくかは環境形成の大切なテーマです。橋や高速道路などの土木構築物、公園や広場などの公共空間は、現代人のためのトポフィリアの場となりえているでしょうか。この章では個々の単体の建築そのものから離れて、過去と現代の「外部空間」について考えてみましょう。

広場や公園など、都市の「外部空間」について考える前に、まず風景の中に挿入される人工の構築物である「橋」のデザインについて触れてみましょう。

風景の中の橋

《ポン・ヌフ》と《パスレル・デ・ザール》

パリは、セーヌ川をはさんで、左岸と右岸とに分かれます。左岸と右岸、そしてセーヌ川中央に浮かぶシテ島とサン・ルイ島を三七本の橋が結んでいます。セーヌ川はその空間の広がりの中で、横断する幾本かの橋によって、パリの街をパノラマとして見ることを可能にしています。セーヌ川は、幅約八〇～一〇〇メートルの視覚の大通りとなっているといえます。

パリ中心部で、シテ島の先端を通ってセーヌ川を越える《ポン・ヌフ》（一六〇六年）は、現存するパリの橋の中で最も古い橋ですが、石でつくられたパリの都市景観をセーヌ川の上に取り込むと同時に、一二のアーチはアルコーブを歩道面で形成し、見晴らし台となり、橋を水上の遊歩道として、市民にパリのパノラマを開放しました。

それ以前のセーヌ川の橋のいくつかが、ヴェネツィアの《リアルト橋》や、フィレンツェの《ベッキオ橋》のように、橋の上に建築をもつことで、連続する都市風景への視界を遮っていたのに対し、《ポン・ヌフ》はセーヌ川の空間の広がりを利用して、パリの中心部全体を把握する視点を導入しています。石造アーチの古典の形式をもちながら、新たな視点獲得という、都市に対する新しいアプローチが取り入れられ、リズミカルなアーチの連続性、シテ島へのランディング部分の処理などポン・ヌフ（新橋）と呼ばれるに相応しい新たな展開がありました。一九八五年、美術家のクリスト夫妻が《ポン・ヌフ》を金色の布で覆いました。石造の重厚なリズムは繊細な金のヒダに覆われ、この橋が今日においてもパリの中心の舞台であることを見事に再認識させてくれました。

パリの街を構築してきた石という素材を使い、リズミカルな連続性によって、

図5・2　セーヌ川に架かる二つの橋、《ポン・ヌフ》（奥）と《パスレル・デ・ザール》　写真／著者

右岸と左岸の街並みを連結した《ポン・ヌフ》のすぐ下流に、右岸のルーヴル宮（現在のルーヴル美術館）のクール・カレと左岸のアカデミー（学士院）を結ぶ歩道橋《パスレル・デ・ザール》、通称ポン・デ・ザールがあります。セーヌに架かる最も軽快で透明な橋です。

《パスレル・デ・ザール》は、鉄の時代の最も初期一八〇一～〇三年に建設されました。浮遊する軽さは、第一に五列九連の鋳鉄の繊細で透明性のあるアーチの連続によってもたらされましたが、同時に三つの異なった素材の巧みな組み合わせと一枚の薄い面として水平に伸びた歩道部分の処理にもよっています。セーヌ川の水面から立ち上がる橋脚は、垂直線を強調した石造、水平な歩道面は木材、そして浮遊するイメージのアーチは鋳鉄、この三つの要素が力学的にも機能的にも造形的にも実に美しく調和して成立しています。

《パスレル・デ・ザール》は《ポン・ヌフ》と対照的に軽い透明な橋となることで、《ポン・ヌフ》からのパリとセーヌ川の眺望を妨げません。この二つの橋は、全く異なった型式、素材、形態をもって相関し、パリに欠くことのできない風景となります。同時にこの二つの橋は、パリ市民の貴重な散歩道ともなっています。《パスレル・デ・ザール》は、その開通当初からパリ市民に素晴らしいプロムナードを与えましたが、不幸にも、一九七六年に平底船が橋脚に衝突し、長い間閉鎖されました。多くの研究と検討の結果、以前と同様のイメージで、水上の舞台と

図5・3《パスレル・デ・ザール》一八〇三年　写真／著者

して今日に蘇っています。その際に、アーチは九連から七連に変更されています。二世紀前と同様、木材の使用による歩道面は、通常の外部空間に存在しないヒューマンな親しみをもたらしてくれます。

《ポン・ヌフ》と《パスレル・デ・ザール》は、パリの都市景観の中に、「見る」「見られる」という二つの視座を見事に挿入した優れた歴史の例証だといえるでしょう。

マイヤールとアラップ

《ポン・ヌフ》と《パスレル・デ・ザール》の教えるところは、都市における建築的な方法としてのデザインへの配慮でしょう。パリという歴史的都市の景観とのバランスの中で、この二つの橋は、二〇〇年の間隔をおいて、一つの共通する価値を生み出しています。

技術を内包化し、橋を一つの構造的表現（デザイン）へと昇華していった歴史を近現代の中において見つめてみる中で、最も重要と思われる二つの例をあげておきたいと思います。

スイスの土木技術者ロベール・マイヤールの一連の橋と、オブ・アラップによるダラムの《キングス・ゲート・フットブリッジ》（一九六三年）です。今日、スイスの地図には四一本のマイヤールの橋が記載されています。構造素材として

図5・4 《サルギナトーベル橋》一九三〇年。ロベール・マイヤール 写真／著者

の鉄筋コンクリートを橋という機能にどう溶解していくかを直視する中から、あの見事な洗練が生まれてきます。建設された橋の景観への実に自然な融合が、マイヤールの思考と感性の洗練さを証明しています。橋床を構造として組み込むことで、構造体全体は繊細なバランスをとって表出してきます。

《サルギナトーベル橋》に代表されるマイヤールの橋は、景観の中にほとんど没するほどの静けさをもつと同時に、力の造型のダイナミズムを表現しています。水平な橋床となだらかに伸びるアーチの形は、光と影の織り成すディテールのリズムとともに、スイスの美しい山並みと合体します。構造体が橋床より上に出てこないことで、橋があるとは気づかぬ間に通り過ぎてしまうほどです。しばらくして、遠く離れた木の間から、装飾のない打放しコンクリートの美しい緊張を見出すことになります。

オブ・アラップは《シドニー・オペラハウス》のあの長い冒険と闘争、そして忍耐の末の大きな成功のかたわら、一本の小さな歩道橋（フットブリッジ）を設計しています。ダラムの《キングス・ゲート・フットブリッジ》です。

ランドスケープ（風景）の中にピュアな一本の直線が引かれます。水平の橋床を支えるのは、二つの基礎から立ち上がるダブルV支柱です。支柱の断面の変化は加速度的に凝縮し、八つの点となって歩道部分の水平な橋床を支えます。両岸に設けられた基礎の上で、二つに分かれて川に平行に組み上げられ、基礎のベア

図5・5　オブ・アラップ（一八九五〜一九八八）提供／ARUP

図5・6《キングス・ゲート・フットブリッジ》一九六三年。オブ・アラップ　提供／ARUP

リング部分で九〇度回転した後、連結して一本の橋として完成します。このデザインには日本人の建築家三上祐三が協力しています。

コンクリート構造と施工法への卓抜した感性が、このフットブリッジのデザインのコンポジション（構成）の明晰さを完成させています。近代建築史を飾るロンドン動物園のペンギンプールのスロープを（あのケント紙を切り抜いて開いたような薄く優雅なスロープを）生み出して以来、数多くの突出したプロジェクトを通して、コンクリートという素材を知り尽くしたアラップが辿り着いた珠玉の作品です。

《牛深ハイヤ大橋》

日本で橋をデザインする機会に恵まれました。九州天草諸島の南端、牛深漁港に架かる橋です。牛深港は雲仙天草の国立公園の中にあり、入り組んだ半島と大小の島々につながっています。細やかで美しい自然の中の港に、漁港整備事業の一環としてつくられる全長八八三メートルの車輌橋が設計の対象となりました。

牛深市南西部に開発された新港と漁業関連工業地帯を、市街地を通さず山並みを破壊することなく国道へとつなげる解決案として、海上の大通りとしての連絡橋が考えられました。橋の立地条件は、風景との調和を最大の課題として要求し

図5・7《牛深ハイヤ大橋》一九九七年。レンゾ・ピアノ、岡部憲明、ピーター・ライス＋マエダ（伊藤整一）
写真／著者

てきます。細やかな自然と小さなスケールの街並みの風景の中に橋を溶け込ませるために、様々な検討の結果、構造表現が突出する吊り橋や斜張橋は避けることになりました。最も単純な連続箱形桁梁による架構を選択した上で、このランドスケープの中では、巨大なオブジェとなって存在する八八三メートルの橋をいかに穏やかな表現へと導くかが検討されました。

方法はきわめて単純ですが、原則的なデザインポイントを徹底した形でプロセスが展開しました。なめらかな線形、均等に近い橋脚のスパン割り、桁を薄く、かつリズミカルな表現をもたらすように、断面とディテールのデザインに焦点がしぼられました。

一二〇〜一五〇メートルのスパンの車輌橋では、桁高は五メートルにおよびます。桁高の視覚的重厚さを取り除く桁断面の検討が最大のテーマとなりました。風に対する安定の技術的研究をデザインへと結びつけることで、断面の形状は決定されていきます。

一二〇〜一五〇メートルのスパンは振動しやすく、これをおさえるために桁内にマスダンパーが挿入されましたが、さらに桁両サイドにフラップ（風除板）を設けることと桁底面を曲面化することで、風の渦巻き現象（トリューービュランス）を避ける方法が導き出され、このフラップと底面の曲面化によって桁高の視覚的インパクトをおさえることに利用しました。

図5・8　夜の《牛深ハイヤ大橋》
写真／マエダ

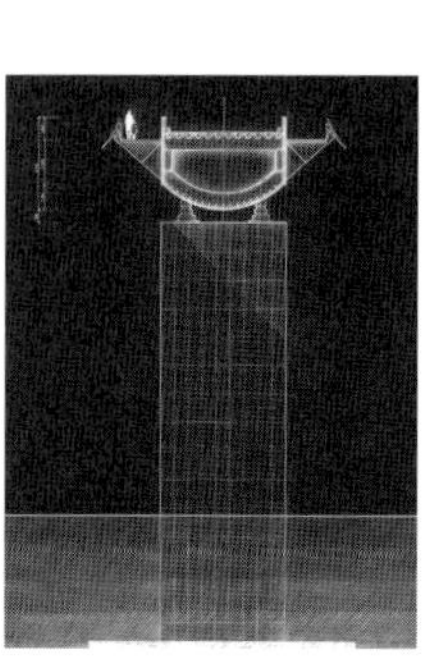

図5・9　《牛深ハイヤ大橋》断面図
図版／RPBWJ、提供／NOAN

底の曲面は、柱脚との分離を明確にし、桁を浮上させるイメージをつくりだします。上部のフラップは風の流れ、自然光の反射、人工照明の反射、歩行者の保護などの諸要因に基づいて検討され、シャープでオーガニックな形状へと統合されました。歩行者と車との明確な分離と走行車輛からの眺望を考え歩道面が下げられました。

こうしたすべてのデザイン要素の検討の結果、五メートルの桁高は三つの帯（フラップ、垂直の桁側面、底面の曲面）に分離され、光と影の織り成すリズムをともなって、繊細な表現が獲得されることになります。フラップ（一・五メートル×二・五メートル）は、ステンレス・メッシュとカーボン・ファイバー・チップを挿入したCFRC（カーボン・ファイバー・レインフォースド・コンクリート）パネルで製作され、表面には耐候性の高いフッ素系ペイントが塗布されました。白に塗られたフラップは、八八三メートルの巨大構造物を一・五メートルの細やかなリズムに分割し、流れるカーブの表現を明確にするとともに、時間と天候にともなって変化する自然の光を反射する鏡となってくれます。

桁の表面の連結はボルトを使わず、連続溶接で結ばれ、熱膨張を吸収するエクスパンションジョイント（伸縮機構）を八八三メートルの両端でとる方法を採用することで、視覚の流れの連続性を保持しました。ボルトがないことで塩やゴミの付着をなくし、耐久性を増す効果も得られました。長さ八八三メートル、

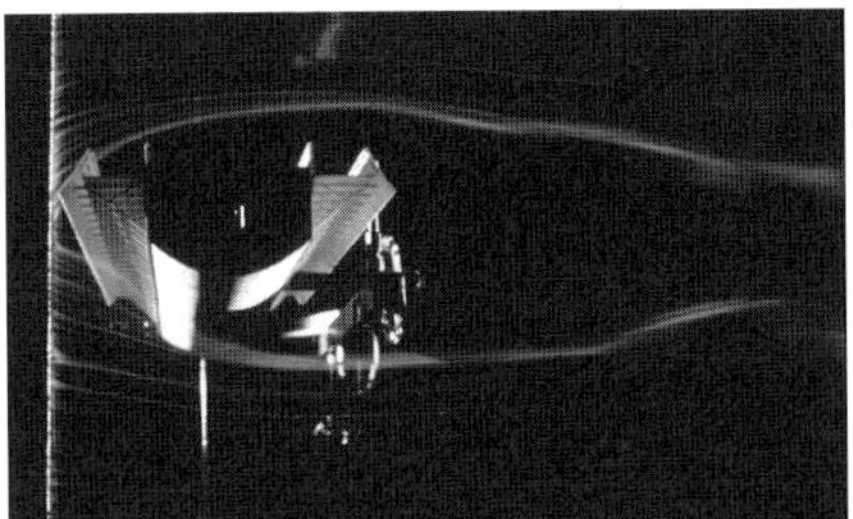

図5・10 《牛深ハイヤ大橋》の模型を使用した風洞実験
提供／NOAN

桁高五メートル、幅一三メートルの《牛深ハイヤ大橋》のデザインプロセスは、徹底して風景に対して謙虚になる方法で進められた一つの実験だったといえます。

イタリアの広場

その卓越した土木技術でヨーロッパ全土に橋や競技場、神殿などの巨大な石造構築物をつくったローマの業績は、その後、イタリアの各地に受け継がれ様々な都市国家が特徴ある都市空間を形成していきます。

中世、ルネッサンス、バロックなどの時代を結んで都市の景観は変容し多様化しつつ豊かな外部空間を形成していきます。そうした都市の外部空間デザインの中心には必ず広場があります。

バーナード・ルドフスキー（一九〇五〜八八）は世界の各地を巡って人々の生活と建築や都市についての観察を続けたユニークな研究者で、一九六九年、著書『人間のための街路』[*2]を出版しています。その中で自動車によって支配されるアメリカ型現代都市を強く批判し、人間のための外部空間をつくり上げてきたイタリアの都市、その街路と広場を高らかに賛美しています。

イタリアの広場のもつ空間的豊かさを、調査分析した名著に『広場の造形』[*3]（一九〇一年、カミロ・ジッテ［一八四三〜一九〇三］）がありますが、その後も

＊2　バーナード・ルドフスキー著、平良敬一、岡野一宇訳『人間のための街路』鹿島出版会（一九七三年）

＊3　カミロ・ジッテ著、大石敏雄訳『広場の造形（SD選書175）』鹿島出版会（一九八三年）

イタリアの広場をテーマにした研究書、写真集、ガイドブックは数え切れないほど出版されています。イタリアの広場がもつ魅力、その豊かさの証ではないでしょうか。

私のもっているイタリアの広場についての本の中で、最も気に入っているのは『Le Piazze』(Istituto Geografico de Agostini, S.p.A. -NOVARA 1987)で全イタリアの都市の広場が航空写真、広場空間を巡る写真、歴史図版、歴史記述などで網羅されており、外部空間のデザインに携わるたびに開いてみる一冊です。イタリア各都市は都市ごとに精密な航空写真を出版していて、これらも都市の外部空間を学ぶ貴重な手がかりとなってくれます。

《シエナ・カンポ広場》

確かにイタリアの都市空間は、人間的スケールと歴史の時間の中に積み上げられた豊かな表情を今日ももち続けています。ただ車社会の今日、問題がないわけではありません。二〇〇二年、フィレンツェに、ある設計競技の審査員としてよばれました。中世の主要な都市フィレンツェは、トスカナ地方の観光の中心で、ローマ、ヴェネツィアと並ぶイタリア最大の観光地ですが、季節を問わずあふれるごとく流れ込む観光客と彼らを乗せた大型バス、そして増える自家用車によって都市内交通が麻痺し、フィレンツェとその周辺の住民に多大な影響が出てい

図5・11　マンジャの塔から見た《カンポ広場》　写真／著者

ます。

その解決方法を探るフィレンツェ市の意見は、当時、真二つに分かれていました。一つは効率よく路面電車を復活、運営し、自家用車と観光バスを減らす方法、もう一つは埋没遺跡を避けて地中深く大深度に自動運転の小型の地下鉄（ミクロ・メトロ）を走らせる方法です。設計競技はこの二つ目の計画の地上に現れる入口デザインに関するものでした。現実にこの交通問題をいつフィレンツェは解決できるか、今のところ目処《めど》は立っていないようです。

この審査の間をぬって久し振りにシエナを訪れました。シエナの規模ではフィレンツェのような大々的な交通問題は起きることはなく、中世同様のスケールの都市空間の中を歩く観光客と街の人々の姿がありました。レオナルド・ダ・ヴィンチ以前のこの地の優れたエンジニアたちがつくり上げた、丘の上へと水を運ぶ突出した水道技術のおかげで、トスカナの丘にそびえる美しい都市国家を成立させることが可能となったわけです。世界で最も美しい広場といわれる《カンポ広場》ですが、その扇形に開いた上辺の中央に湧き出る噴水《ガイヤの泉》はこの中世（一三～一四世紀）土木技術の賜物です。

シエナの《カンポ広場》に立つとき、あるいは周囲を取り囲む住居の窓から広場に目をやるとき、「イタリアの広場は劇場そのものだ」という思いにかられます。夏、多くの観光客たちが気ままに腰を下ろす風景も、ほとんど人影のない

図5・12《カンポ広場》
写真／MONUMENTI D'ITALIA LE PIAZZE

図5・13《カンポ広場》に集まる人々
写真／著者

冬の夜景も、すべての光景が演出された舞台そのものになっているように感じられます。

市庁舎に向かってすり鉢状に下るゆるやかな勾配は一〇分の一から一五分の一程度の傾斜ですが、実に効果的な外部空間のまとまりを創り出しています。中世のこの街の行政を司った九人の市民を象徴し、この扇形の広場は九つのブロックに区切られていますが、それが広場になんともいえぬ繊細なスケール感を与えてくれています。この広場から多くのことを私は学びましたが、これから先もまた新たな外部空間の設計に関わるたびに訪れてみたいと思っています。

ローマの広場

ローマは一六世紀に入りバロック芸術の都となります。都市空間は要所要所が劇的なバロックの空間として生まれ変わってきました。ローマを訪ねることは、昼も夜もこのバロック空間の中に身を委ねることかもしれません。私がローマの外部空間で特に気になる場所を取り上げてみると、《ナボナ広場》《トレビの泉》そして《カンピドリオ広場》です。

《ナボナ広場》はその長い長方形の空間が生む独特のスケール感とプロポーション、カフェの席に憩う人々、ジャン・ロレンツォ・ベルニーニの噴水《四つの河の泉》の縁に腰かける人々の点在する風景は、バロックの時代も今も変わらぬ華

図5・14 《ナボナ広場》
写真/MONUMENTI D'ITALIA LE PIAZZE

図5・15 《トレビの泉》
写真/MONUMENTI D'ITALIA LE PIAZZE

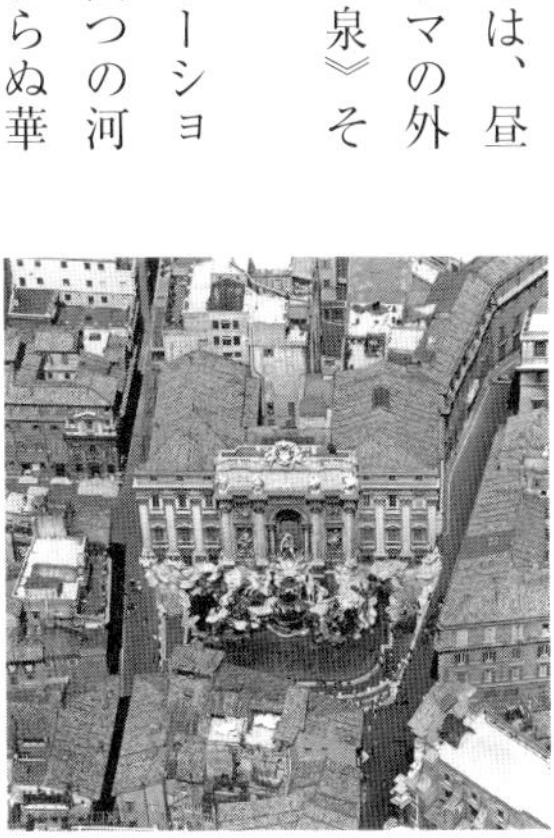

やいだ都市空間を演出しています。

《トレビの泉》では、二つの建物の壁面に大変機知に富んだ演出が施され実体化された空間への驚きを常に抱きます。計画が実行される以前のこのあたりの状況を示した図を見ると、その後で全く異なる世界をつくり出すことに成功していることがわかります。

フェデリコ・フェリーニ（一九二〇～九三）の映画「甘い生活」（ドルチェ・ヴィータ、一九五九年）に《トレビの泉》のシーンが出てくるのを記憶されている方も多いとは思いますが、まさにあの中で暗い街角から突然、強い照明に浮かぶ舞台が現れるように、周辺の道からのアクセスが演出されています。ローマは起伏がかなりあります。外部空間の構成は、こうした起伏が生む視線と視界の変化をよく生かしています。そして建物によるフレームワーク（縁取り）。《トレビの泉》に至るメインのアクセス道路はかなりの下り勾配になっています。下り終わると、突然ダイナミックな彫刻群とほとばしる水とその音に出会うわけです。

ミケランジェロによる《カンピドリオ広場》は、外部空間というより豪華な都市の居間とでもいった方が似合いそうです。広場周囲の三つの建築を配置し、それらのファサードを舞台背景としてとことんつくり込んだ上で、バロック芸術の象徴ともいえる楕円のモチーフを一つの中心に絡み合わせる、ユニークで

図5・16《カンピドリオ広場》
写真／MONUMENTI D'ITALIA LE PIAZZE

図5・17《サンマルコ広場》
写真／MONUMENTI D'ITALIA LE PIAZZE

グラフィカルな石の床が四つ目のファサードとなって空間を完結させています。空に向かって開かれた舞台ともいえる構成は、ミケランジェロの才気を十分に今に伝えてくれます。旧ソ連の映画監督でイタリアに亡命したアンドレイ・タルコフスキー（一九三二～八六）の作品「ノスタルジア」の中でこの広場が登場します。

イタリアの広場を巡る旅にはきりがありませんが、都市国家がつくった空間構成としては、人工の島ヴェネツィアの《サンマルコ広場》とそれ以外の多数の小広場のもつ魅力も忘れるわけにはいきません。広場以外でイタリアの外部空間を構成する重要な要素としてあげておきたいのは、ポルティコと呼ばれる都市の回廊です。夏には日影を与え、冬には風を避ける目的で気候への配慮から生まれたと考えられる都市の装置ですが、特に中部のボローニャ、そして北イタリアのトリノのポルティコが大がかりです。トリノのポルティコは総長二〇キロメートルを越えるといわれています。

イスラムの庭園――アルハンブラの宇宙

イスラムの文化は、高質な建築様式とともに庭園の素晴らしさによって人類の歴史にかけがえのない遺産を残しています。八世紀以降、スペインのアンダルシア地方には宮殿の大庭園以外に、民家においても中庭（パティオ）の文化が広がっ

図5・18《アルハンブラ宮殿》14世紀　写真／著者

図5・19《アルハンブラ宮殿》ライオンの中庭　写真／著者

ていて、今日も継承されています。一三世紀以降スペインにおいて、イスラム勢力の最後の砦となったグラナダの《アルハンブラ宮殿》は、一四世紀に建設されたイスラムの建築、庭園文化の究極の存在の一つでしょう。七〇年代、八〇年代とヨーロッパ滞在中に幾度か訪れたことのある《アルハンブラ宮殿》でしたが、常に謎めいた存在として記憶に残りました。

二〇〇五年の春に《アルハンブラ宮殿》を四日間かけて訪れる機会をつくりました。夜の《アルハンブラ宮殿》を体験してみることが最大の目的でした。何時間も待たされて多くの観光客の喧騒の中での昼の訪問と異なり、三〇人にも満たない少人数で訪れる夜の見学では、深い静寂の中で《アルハンブラ宮殿》と出会えます。

王宮の中の黄金の間のパティオ、アラヤネスの中庭、ライオンの中庭など、それぞれの中庭にある噴水からの水音が石畳の床と四方の壁にこだまする世界、砂漠の民の幻想の世界がそこにありました。夜のとばりと水音を知覚の総体で受容することが、この空間の本質なのだと気づいたときに、長い間の謎が自己の感性の中で溶解していく思いがしました。一九世紀半ばからの修復が進み、盛期の姿をほぼ取り戻している今日、《アルハンブラ宮殿》の存在はより身近にその空間の価値を知らせてくれます。

図5・20 《アルハンブラ宮殿》アラヤネスの中庭 写真／著者

図5・21 《ヴォー・ル・ヴィコント城の庭園》一六六一年。アンドレ・ル・ノートル 写真／田中真美子

フランス庭園とパリの公園

繊細な地形の起伏、リズミカルな樹木の連なり、それらが明るい光の中で輝き淡い影となって浮き上がるイタリアの風景は、多くの絵画に取り込まれるとともに、庭園のデザインに参照されました。イタリア庭園のほか、イギリス庭園にこうした流れが見出せます。

東の国境アルプスの連なり、中南部の一部、そしてスペイン国境を除けば、山をもたない平坦なフランスでは、庭園のデザインに全く異なった手法が取り込まれます。広大な敷地に景観としての豊かさを与えるために、自然景観とは異なった幾何学的な規律性を取り入れ、遠近感を操作する地形を組み上げる方法が一七世紀後半、庭園家アンドレ・ル・ノートル（一六一三〜一七〇〇）によって生み出されます。フランス庭園と呼ばれる壮大な幾何学的庭園はこの一人の庭園家によって考案されたといえます。

《ヴォー・ル・ヴィコント》と《ヴェルサイユ》

ル・ノートルの生み出した、広大な敷地を一つの景観へとつくり上げる考え方は、現代のランドスケープの重要な出発点の一つです。

《ヴェルサイユ宮殿》の壮大な庭園を設計したことで、ル・ノートルは歴史に名を残していますが、《ヴェルサイユ》に先行してパリの南、ブリー地方にある

図5・22 《ヴォー・ル・ヴィコント城の庭園》
図版／VAUX LE VICOMTE

《ヴォー・ル・ヴィコント城の庭園》を設計しています。ここでル・ノートルはそれまでの庭園造形とは異なった、壮大で秩序ある眺望をつくり上げています。《ヴォー・ル・ヴィコント》の庭園プランは、視覚の世界に新たな方法を組み込んでいます。とりわけ視界の軸に直交し近づくまでは視角に入ってこない運河をもちい、地形に段差を大きくつけてパースペクティブを巧みに操作している点は秀逸です。

パリでは、いくつものプロジェクトでフランスのランドスケープ・アーキテクト（フランスではペイザジストと呼ばれています）と協働しましたが、彼らに「一番よいと思うフランス庭園は？」と聞くといずれもが《ヴォー・ル・ヴィコント》の名をあげてくれました。ル・ノートルは広大な敷地をどう構成し庭園化するか、《ヴォー・ル・ヴィコント》と《ヴェルサイユ》で示してくれました。その方法や思考は、今日私たちが関わる都市的スケール、広大な埋立地の全体計画等にも十分に参考になるものをもっていると思います。

パリの公園

パリ市民はとても公園好きです。人気のある《リュクサンブール公園》《シトロエン公園》などは平日の昼過ぎにも多くの人影が見られますが、土日の賑わいは大変なものです。多くの市民は庭のないアパートの部屋に住んでいることを考え

図5・23　上空から見た《ヴェルサイユ宮殿》

れば、公園は市民一人ひとりの庭ともいえるわけです。《ルーヴル宮》や《リュクサンブール宮》など過去において宮殿の庭園であったもの以外は、多くは一九世紀の万国博覧会の時代の都市インフラストラクチャーの整備とともに計画された公園です。

パリの公園の中でも中心部の学生街（カルティエ・ラタン）に近く、フランス上院に所属する《リュクサンブール公園》は、その歴史性やフランス庭園、イタリア庭園、イギリス庭園などのスタイルを組み込み、彫像があちこちに配置された変化に富んだ構成に加え、実に手入れの行き届いた植栽管理によって、パリ市民の人気が高い公園です。

ここでは、植栽は季節に合わせてほぼ二ヵ月おきに入れ替えられ、自然の風景と香りがパリの中心にもちこまれています。自然のたたずまいを尊重しながら組み合わされ、植えられる草花のつくり出す景観は、都市に自然のドラマを贈ってくれます。多くのパリの公園でもこうした草花の手入れはなされていますが、《リュクサンブール公園》の植栽は最高だと思います。

小さな公園ですが、周囲を美しい建築で囲まれた二つの庭園も、都市の憩いの空間の卓抜した例としてあげておきたいと思います。一つは《ルーヴル美術館》（ルーブル宮）のそばの《パレ・ロワイヤル庭園》、もう一つは《ボージュ広場》です。

図5・24　《リュクサンブール公園》
写真／著者

現代のパリの外部空間

パリやロンドンは、都市の高密度な住環境を補完する装置として、公園を都市計画の一部に確実に位置付けてきたと思います。ニューヨークの広大な《セントラルパーク》も、摩天楼の都市に呼応する都市の巨大な緑の空白をつくった意味で最重要な都市計画の方法であったといえます。

《ポンピドゥー・センター》の二つの広場

パリにおけるいくつかの、現代の外部空間の試みについて触れてみましょう。

パリは多くの公園を一九～二〇世紀初めにかけて公共建築や都市インフラとともにつくり上げていますが、今日もなお都市整備において外部空間の充実化を進めています。

《ポンピドゥー・センター》が計画されたとき、すでに設計競技のプログラム段階で自由に活動できる広場を設けることが組み入れられ、現実にピアッツァと名付けられた広場が創られました。ピアッツァはイタリア語の「広場」ですが、私もチームの一員だったピアノ・アンド・ロジャースはイタリア的広場を念頭においてこの広場をデザインしています。あのシエナの《カンポ広場》のように建物に向かってゆるやかな勾配をもって下る広場を——。

開放的で透明な《ポンピドゥー・センター》の広場側のファサードには、宙吊

図5・25 《ポンピドゥー・センター》の外部回廊から広場を見る
写真／G.B.Gardin、提供／RPBW

図5・26 《ポンピドゥー・センター》のもう一つの広場《ストラビンスキー広場》。地下にIRCAMがある
写真／著者

りのガラス張りのエスカレーターが人々を上層階へと運び、各階の回廊がこの広場と呼応し、視覚の対話を生み出しています。パリ市民や様々な国から訪れた人々がこの広場と建物のファサードを移動したり、たたずんだり、腰掛けている光景は、都市の新たな風景をつくり上げています。視覚のコミュニケーションによって、今日的なシエナの広場をここに大規模に創り出したといえるのかもしれません。

《ポンピドゥー・センター》には、もう一つの広場があります。センターのメインの建物のすぐ南側敷地の地下に、《ＩＲＣＡＭ》（音響音楽研究所）が置かれています。

初代の館長は、日本でも知られている現代音楽家ピエール・ブーレーズでした。《ＩＲＣＡＭ》は本来センターの内部に組み込む予定でしたが、全体のプログラムの拡大から内部に入れるスペースのゆとりがなく、隣にあった小学校を移設し、地下につくることで地上部を広場化する方法が決定され実現されました。広場の先には美しいサン・メリー教会の側面を望むことができます。広場には作曲家の名がつけられ、《ストラビンスキー広場》と呼ばれています。

この広場は、《ポンピドゥー・センター》の開館から一年後（一九七八年）に《ＩＲＣＡＭ》が開館した折には何もない、実に殺風景な空間でしたが、その後、パリ市の協力のもとで彫刻家のニキ・ド・サンファールとジャン・ティンゲリー

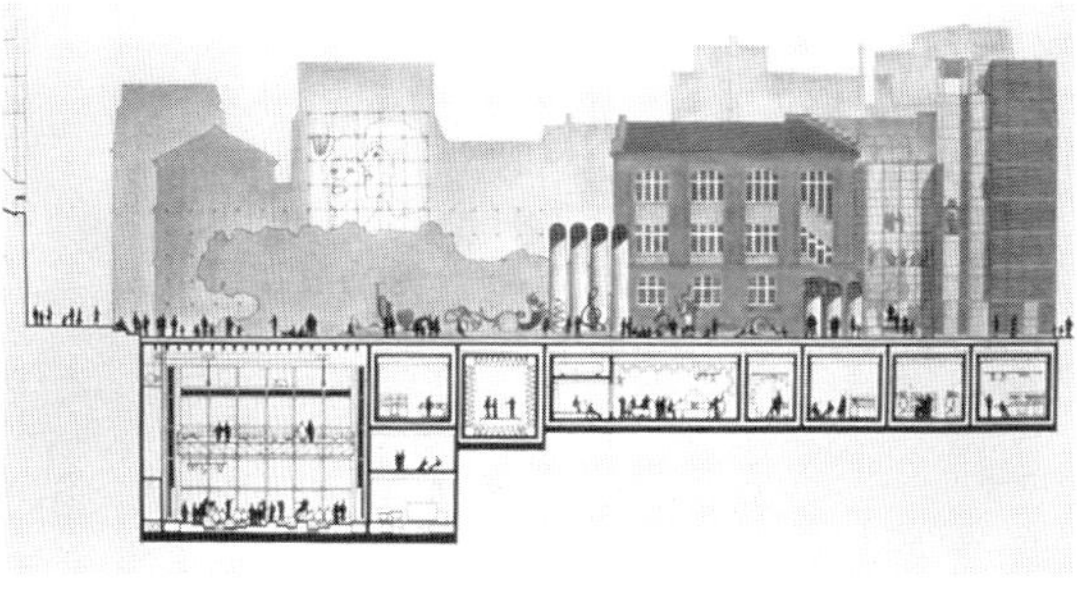

図５・27　《ＩＲＣＡＭ》（音響音楽研究所）断面図

の二人による実にユーモラスな噴水が設けられ、一気に楽しい都市の外部空間が生まれました。《ポンピドゥー・センター》は毎日二万人を超える人々が訪れる文化施設ですが、同時に人々が憩う二つの広場をもつ都市の外部空間としてパリの街に活気を与え続けています。

現代のパリの公園

近年、パリには二つの大規模な公園が生まれました。一つは、パリ北側の広大な公園で科学産業博物館や音楽ホールなどの文化施設を内包する《ラ・ヴィレット公園》です。大規模な国際公開設計競技を通して選ばれたスイス人のベルナール・チュミ（一九四四〜）の公園案が実現されたものです。現代の庭園のあり方に大きな波紋を投げかけた計画でした。

もう一つは、パリ西側シトロエン自動車工場跡地で、一九八九年にパリ万国博覧会場として使う予定だった（万博は中止）敷地につくられた《アンドレ・シトロエン公園》です。広々とした芝生、いくつもの超現代的なガラスの温室、楽しい間欠噴水、曜日と太陽系惑星をテーマにした小さな庭園群など、広いスケールのパースペクティブと細やかな空間を合わせもつ、豊かな現代の庭がつくられています。パリの西側で最も人気がある公園です。

これらの公園に加えて《バスティーユ・オペラハウス》、リヨン駅付近にある

図5・28《アンドレ・シトロエン公園》
写真／著者

図5・29《プロムナード・プランテ》
写真／著者

《プロムナード・プランテ》、高架鉄道路線跡につくられた空中の散歩路は、パリ市による近年の公園計画としては卓抜のものです。周辺のアパートの三~四階のレベルにある緑の散歩路は、幅一〇メートルほどですが、樹林と季節の花々が約二キロメートルにわたり続き、街の風景を一般街路とは異なったレベルで発見する喜びも与えてくれます。この高架の下には、《バスティーユ・オペラハウス》の裏手から続く工房やアートギャラリーがあり、文化、工芸の散歩が楽しめます。近代都市の遺産を巧みに生かした計画は、ニューヨークの高架鉄道跡地利用の散歩路計画、《ハイライン》プロジェクトにもつながっていきます。

《エッフェル塔》に近いセーヌ左岸に緑の庭園が計画されました。ケ・ブランリー(ブランリー岸)に建設された《ケ・ブランリー文明博物館》(世界の文化、文明に関する博物館)と一体となった野性的なおもむきの庭園です。建築の設計はジャン・ヌーベル(一九四五~)で庭園は《シトロエン公園》のデザインをしたジル・クレモンです。

パリが公共施設、インフラと同じ重要度で外部空間、広場や公園をつくってきたことは、都市居住の本質を捉えて施策されていることを示していると思います。それぞれの都市にそれぞれの歴史と現況の条件があるとしても、都市には緑と公共の空間が必要であり、それが市民に十分に活用されるように企画される必要があることをパリの外部空間の計画は教えてくれていると思います。

図5・30 《ケ・ブランリー文明博物館》庭園 写真/著者

パリ郊外の再開発と庭園計画

《ポンピドゥー・センター》が完成したあと、イタリアで三年過ごし、またパリに戻ってレンゾ・ピアノ・ビルディング・ワークショップのパリ・オフィスを再構築してすぐに関わったプロジェクトに《シュルンベルジェ社モンルージュ社屋》[*4]改修計画があります。

パリは、すでに述べたように多くのいきとどいた公園、庭園を市内にもっていると同時に、東西の外縁には西にブーロニュの森、東にヴァンセンヌの森という大きな緑地をもっています。それ以外の外周部はバンリュー（周辺部）と呼ばれ、一九世紀から二〇世紀半ばには工業地帯でした。

少し想像しがたいことですが、美しいパリの外周には、黒煙を吐く工業地帯があったわけです。パリのすぐ南に位置するモンルージュ市もそうした過去をもつ街で、工場こそ減りましたが、市役所の前の花壇と街路樹をのぞくとほとんど緑のない街でした。私たちに与えられた再開発すべき敷地には、二〇世紀初頭から一九五〇年くらいまでに増築を重ねた工場と研究施設がありました。

研究施設部分は四層から五層、鉄骨や鉄筋コンクリートでつくられ、安価なコークスのレンガで立面が埋められていました。その陰気な表情ゆえ「モンルージュの監獄」と市民には呼ばれていました。

私たちが提案したのは中央の工場部分を撤去し、ここに駐車場や集会場、食堂

図5・31 《シュルンベルジェ社モンルージュ社屋》一九八四年。レンゾ・ピアノ・ビルディング・ワークショップ 写真／DEIDI VON-SCHAEWEN、提供／RPBW

＊4 シュルンベルジェ社がフランスの銀行に売却。二〇一二年に建築、庭園ともに改修されているが、庭園の豊かさは維持されている。

など企業の共有施設を人工の丘の下に埋め込み、負の遺産ともいえる研究棟は構造体とレンガを残し、清掃と塗装、断熱性の高いガラスへの入れ替えや、新たに階段、透明ガラス貼りのエレベーターなどを導入して明るい色彩を与え、重い表現から軽やかな表現に変換することでした。

最も重要な計画はこの八ヘクタールの敷地に、人工丘とその周囲の人工池を含む、四ヘクタールの庭園をつくり出すことでした。社員が業務を続けている中で工事を進めるといった条件のもと、建築家も施工業者も白い目で見られる辛い工事環境でしたが、終盤が近づき庭に緑と花々が姿を現すようになるとみな驚くほど、やさしい対応に変わりました。人間は自然にこんなにも弱いものかとつくづく感じたものです。この計画ではフランスのランドスケープ・アーキテクト、アレクサンドロ・シュメトフが協力しています。

シュメトフたちフランスのランドスケープ・アーキテクト（ペイザジスト）は、その多くが《ヴェルサイユ宮殿》内にあるヴェルサイユ国立高等造園学院の出身で、そこで教鞭もとってきています。ヴェルサイユの庭園を日常的に眼にしながら学ぶ、恵まれた環境の教育施設です。

日本の外部空間

外部空間を巡るこの章の最後に、私自身が最もほっとする日本の外部空間につい

図5・32　法然院　写真／著者

図5・33　南禅寺の参道　写真／著者

て触れておきたいと思います。まさに私にとってはトポフィリアの対象となる場所です。それは京都の二つの道と二つの庭。二つの道は、東山鹿ヶ谷《ししがだに》の法然院の参道と南禅寺の参道です。

法然院の山門まで至るアプローチは高低差の巧みな利用、微妙な角度の方向の転換、そして山門のぽっかりと開いたフレームワーク、すべてが木立に覆われた小さな空間の中で、どんなにゆっくりと歩いてもいいと思わせるほど、いつ訪ねても穏やかな外部空間の中のおもむきを与えてくれます。

南禅寺の北側の参道は、外部空間のリズムを考えさせられる貴重な存在です。白壁の不規則に見える長さの変化は、とことん計算されてきたのではないかと思わせるほど見事です。

二つの庭は、南禅寺金地院の庭と孤蓬庵（二つとも小堀遠州作）です。私は日本の庭園の知識は少ないので名前をあげるだけにしておきますが、できれば幾度でも訪ねたい空間です。

外部空間のデザインはランドスケープ・アーキテクトのみの仕事ではなく、多くの視点からの思考が必要に思えます。建築家として私自身は「アーキランドスケープ」といった造語を用いながら、ランドスケープへの方法を模索しています。建築を考えることと外部空間を考えることを同じレベルにおいて組み立ててみたいと考えています。

図5・34 「長岡文化創造フォーラム（仮称）」モデル。岡部憲明アーキテクチャーネットワーク 写真／平剛

アーキランドスケープ

建築の最初のコンセプトを考え始めるとき、同時にランドスケープを組み込めないだろうか、あるいはランドスケープの中に建築を解体して挿入し、ランドスケープと建築を一体化して計画できないだろうか。そう考えたのは《関西国際空港旅客ターミナルビル》が完成し、空港がオープンしたあと、レンゾ・ピアノとのパートナーシップを終了して東京に設計研究組織である岡部憲明アーキテクチャーネットワークをスタートしてから一年ほどたった頃、大規模な文化施設（長岡文化創造フォーラム）の指名コンペに招待されたのがきっかけでした。地方都市のJR駅のすぐ近く、すでにある公園と老朽化した文化施設の敷地に新たな総合文化施設と公園をつくり出すプログラムでした。

駅前の貴重な敷地は決して広大ではなく、施設は大、中、小ホール、映画館などを含む、複雑で多様な機能を内包していました。《ポンピドゥー・センター》での複合文化施設と広場との関係から、《関西国際空港旅客ターミナルビル》の大空間の設計で獲得したいくつもの技術的蓄積などを手がかりにして考え始めましたが、重要な点は外的空間をいかに最大限建築の内部に取り込み一体化するかにあることに気づきました。パリ郊外での再開発プロジェクトで協働したランドスケープ・アーキテクト、アレクサンドロ・シュメトフと討議するうちに、ランドスケープと建築を根底から一体として考えていく方法が浮かんできました。そ

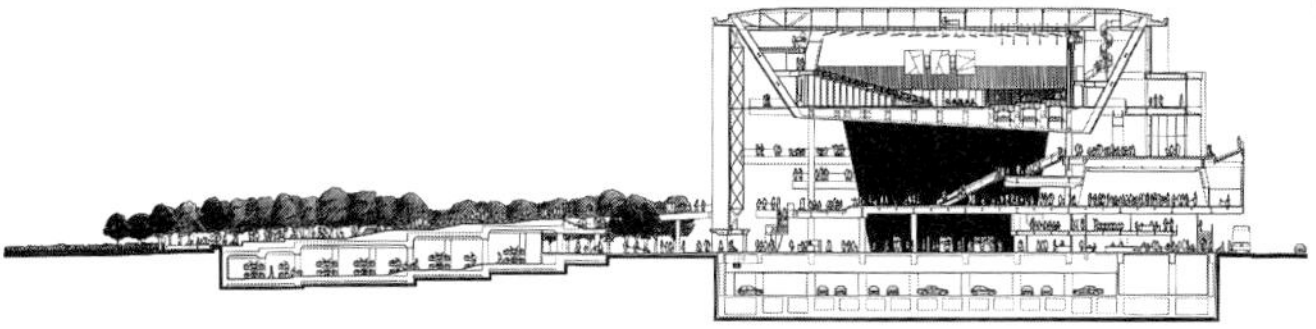

図5・35「長岡文化創造フォーラム（仮称）」断面図　図版／NOAN

の後、こうした考え方をアーキランドスケープと名づけました。

この建築内のどのレベルからも前面に広がる広場と庭園を望め、外部の広場からは巨大なガラス壁を通して内部の様子が見通せます。内部空間をもつ劇場都市と都市の舞台をつくりあげる方法が見つかった思いでした。幸いこの案は最優秀に選ばれ、その後三年をかけて実施の設計まで終了しましたが、政治的状況の変化により中止されました。

結果はどうであれ、外部と内部を一体化する形でのデザインが前提となるときに生まれる、空間の豊かさや都市への貢献が確かめられたこのプロジェクトによって、その後の様々な計画やコンペティションに「アーキランドスケープ」と名づけた方法を展開することができています。

コペンハーゲンの歴史的重要地区に計画された新王立劇場の公開国際コンペでもこの方法を提案して二位になり、トリノ市の文化センターコンペ（二位）、韓国のナム・ジュン・パイク美術館の公開国際コンペでも（三位）この方法を試してみました。

阿蘇の景観の中に公共の場をつくる

熊本県は一九八八年からアートポリスの名で建築や環境整備のための政策がとられ、自然環境の豊かさに相応しい建築、環境デザインへの努力が重ねられていま

図5・36 「コペンハーゲン新王立劇場国際公開設計競技二等案」二〇〇二年。岡部憲明アーキテクチャーネットワーク　写真／NOAN

す。先にあげた《牛深ハイヤ大橋》、ここにあげる建築もアートポリスによって指名され設計したものです。

二〇〇二年から二〇〇四年にかけて雄大な阿蘇の山々に囲われた阿蘇郡一の宮町（現、阿蘇市）に、地産の農産物加工場と販売所、屋外トイレの三つの建築と、広場を計画しました。薄い水平の屋根の連なりを杉の間伐材を束ねてつくり上げ、阿蘇の山系を縁取る景観をつくり上げるとともに、深く伸びた庇でのびやかな自然を受け止める簡潔で明るい内部空間をもつ施設を目指しました。施設のデザインや広場の利用方法などについての町の人々、ボランティアや学生たちとのワークショップを通した討論が、アートポリスの方針に沿って実現されました。設計時からこうした機会があることは、建築が出来上がった後も積極的、創造的な利用を促してくれるもので、公共建築がいわゆる「箱」物にならない有効なプロセスでもあります。

生産・研究施設とランドスケープ

近年、二つの生産・研究施設に携わる機会がありましたが、限られた条件の中でランドスケープをどう建築に組み込むかを実践しました。

一つは、工場のリノベーションです。フランスの自動車部品メーカー（ヴァレオ）が日本に工場をつくる計画があり、古い工場を改築、再利用するプロジェク

トを依頼されました。一万平方メートルの工場の中で、上部には天窓を設けた十字の通路を配置し、その先には外部の庭の空間が一〇〇メートル先まで見通せる構成をつくりあげています。明るく、方向性がわかりやすい工場は安全性を含めて労働環境を向上させています。

もう一つは、町工場と住宅が混在する地区に建てられた地上五階の研究施設です。三層にわたる各階を結ぶゆるやかな直通階段と、透明ガラスのエレベーターを内包する吹抜け空間が設けられています。この吹抜け空間は、南側のガラスのファサードに面し、そのファサードと平行して四メートルの距離をおいて垂直に伸びる植栽の壁（パーゴラ）を設けました。長方形のわずかな敷地は、上に伸びる庭と地面の水盤によって、自然の光、風、植栽の季節、色彩を吹抜け空間のホールと三層のスペースに届けてくれます。

高密な都市の中にランドスケープの考え方を導入する試みは、日々の執務空間にゆとりと安らぎと集中をもたらせてくれます。ゆるやかな直通階段と木漏れ陽のあるホール空間は、研究者たちのコミュニケーションの場として成立します。

《ベルギー・スクエア》——広場を創る

先にあげた「イタリアの広場」を含め、ヨーロッパの都市がもつ大きな魅力の一つは広場の存在でしょう。ギリシャのアゴラから始まるヨーロッパの広場は、

図5・37《ヴァレオユニシアトランスミッション厚木工場》内観。二〇〇〇年。岡部憲明アーキテクチャーネットワーク　写真／平剛

図5・38《JST東京技術センターB》二〇〇九年。岡部憲明アーキテクチャーネットワーク　写真／平剛

図5・39《JST東京技術センターB》のパーゴラと水盤　写真／平剛

祭典、儀式、集会、マーケットなど都市に住む人々の主要な活動の場でしたが、自動車交通に多くの空間を奪われてきた現代においても人間のための広場への改変の動きも盛んになってきていると思います。ロンドン、ナショナル・ギャラリー前の《トラファルガー広場》の改造では、美術館ナショナル・ギャラリー前の道路が廃止され、前面階段から広場が歩行者の場となり、都市広場のあり方を一変しました。

広場の伝統のなかった日本では、現代都市となった今日も人々が親しみ、活動できる広場を組み込んだ計画は、まだ数少ないように思います。

東京の中心、千代田区二番町のベルギー大使館地区再構成にあたり、都市広場を含む街区をつくることを計画しました。八〇〇〇平方メートルあるベルギー大使館の敷地を、新たな大使館棟と事業棟（事務所、共同住宅）、そして広場、ポルティコ、周回街路などの外部空間を構成要素としてまとめあげ、《ベルギー・スクエア》と名づけた新街区を生み出しました。広場にはヨーロッパの都市広場に多く使われる石畳、ピエールブルー（青い石）を敷き詰め、全体はイタリアの歴史都市に見られる不整形な平面をもたせ、大使館入口に向かうゆるやかな勾配によって歩行と視覚にリズムを与えています。

八層の大使館棟の外壁には、やわらかい表現をもつ肌色のライムストーンを反射を抑えた仕上げで用い、曲面のコーナーによってパリの街角のもつシンボリカ

図5・40 《ベルギー・スクエア》大使館（右）と事業棟（左）と広場（下）。二〇〇九年。岡部憲明アーキテクチャーネットワーク＋竹中工務店
写真／MIYAGAWA Co., LTD.

ルでやさしい表現をつくり出すことを試みました。人々が日常の中のくつろぎを見出すとともに、祭典や市場などの都市活動が行える場を東京の都市に創出した機会でした。

広場の形成は、それを囲む建築との取り合い、平面形状、季節を意識した植栽、歩行面の仕上げ、照明、ベンチなどの家具など多くの要素を総合的にデザインし、さらに様々な工夫をすることで、親しみやすい都市の空間として成立していきます。広場の利用方法が工夫される政策的な配慮も重要です。

広場の階段から入った大使館の一階には、エントランスホールと多目的ホールがあり、扉を開け放つと大使館の奥行きのある庭園と、隣地の小公園の緑を望め、都市に開かれた大使館の空間が成立しています。

《ベルギー大使館》を含む街区のデザインゆえ、ヨーロッパ的広場の方法を積極的に活用しましたが、広場は公園とともに都市にはなくてはならない要素であり、今後もより多くの広場が東京をはじめ日本の都市に生まれることを期待したいと思います。

外部空間のデザインをフランスのランドスケープ・アーキテクトたちとの共同の中で学びましたが、よく記憶している言葉があります。

「公園にも広場にも必ず大きな陽の当たる空間をつくること。芝生広場でも石畳や水面でも。そして影のある場をアイレベルの視覚を遮らずつくること」

図5・41 《ベルギー大使館》のレセプションから庭園を望む
写真／岡本知久

フランス庭園の基本のような言葉ですが、誰もが安全で安心してくつろげる外部空間デザインの原点ではないでしょうか。

図5・42　《ベルギー大使館》を広場より望む　写真／NOAN

図 6.1 《関西国際空港旅客ターミナルビル》内観、キャニオン　写真／細川和昭、提供／NOAN

第6章　移動の空間

印象派の画家たちが、アトリエを出て街路へ、自然の風景の中にキャンヴァスとイーゼルをかついで飛び出し、明るい陽光の中で絵画の新たな表現を追い求めた時期は、鉄道網が張り巡らされ始め、都市に鉄とガラスのパッサージュや大屋根をもつ鉄道駅、万国博覧会の巨大なパヴィリオンが登場した時代と重なります。

実際、画家たちは新しく生まれた鉄道に乗り郊外の自然と光の中に移動し、創作に励んだわけです。

一九九八年二月から五月にかけてパリの《オルセー美術館》で「マネ、モネ、サン゠ラザール駅」と題した展覧会が開かれました。マネもモネも鉄道の風景を取り入れた作品を描いていました。モネは《サン゠ラザール駅》構内に許可を得て入り、一八七七年の一月から四月にかけて、蒸気機関車の煙が立ちこめる駅の風景を一〇枚以上も描いています。展覧会ではこの作品が一堂に集められ、当時の駅に立ち入ってモネと一緒に見つめているかのごとく展示会場がつくられていました。

当時、鉄道駅の正面の外観は周囲の街と連なる石造の古典的な表現で建てられ、

図6・2　「サン゠ラザール駅」一八七七年。クロード・モネ。オルセー美術館蔵

内部には鉄とガラスの新時代の大空間が生まれました。パリやロンドンでは鉄道駅が新しい時代の文明の象徴であり、人生のドラマの舞台にもなっていたわけです。二〇世紀後半には、航空機が大量に人々を世界中に運ぶ時代がやってきます。空港の旅客ターミナルビルが、一九世紀の鉄道駅のように多くの人々が利用する巨大な公共空間として利用される時代になりました。

本章では、鉄道駅と空港ターミナルビルを「移動の空間」として捉え、「情報」とともに「移動」が時代を変化させてゆく現代、速度（スピード）が主要な価値をつくり上げている現代を考えてみたいと思います。また、移動するための機械的手段についても触れてみます。自動車、鉄道車輌、航空機などの内部空間が人間に与える影響も、今日とても重要なテーマです。鉄道車輌や航空機が時間と距離を大きく変えたように、エレベーターやエスカレーターは建築の構成そのものを根本から変化させていきます。建築が巨大化し、高層化する現代、「移動」の仕組みは重要な役割を果たしていきます。

鉄道駅の空間——歴史と現在

ヨーロッパの都市近代化を象徴した鉄道駅は、そのほとんどが終着駅の構成をとっています。歴史的な街並みの外部に、主要な鉄道駅が配置されているのは、歴史都市への配慮に加え、操車に必要な膨大な土地が必要だったからです。

その広大な敷地ゆえに、今日の都市再開発の中心的課題をなすわけですが、この点についても少し触れてみたいと思います。

鉄道駅——一九世紀〜二〇世紀初めの「栄光の大空間」

パリの鉄道駅の最初は、一八三七年にできた《サン゠ラザール仮設駅》です。その後一八四一年、一八六七年の拡張工事を経て、《サン゠ラザール駅》は高まる旅客の需要に応えるべく都市の中でその領域を広げていきます。一八八九年、エッフェルによってあの三〇〇メートルのタワーがつくられた万国博覧会に合わせてさらに改修が行われました。

《サン゠ラザール駅》に続き、一八四〇年には《モンパルナス駅》が、一八四三年には《オーステルリッツ駅》、一八四六年には《北駅》、一八四七年には《東駅》が、一八五二年には《リヨン駅》が建設されました。

これらの駅は歴史的街並みの外周近くに設置されましたが、一九〇〇年の万国博覧会に合わせてセーヌ川に沿った川岸に《オルセー駅》が建設されます。パリの交通網計画は、他都市や地方とのリンクの拠点となる終着駅と、パリ内の交通システムの明確な空間的分離によって構成されてきました。メトロ（地下鉄）やバスなど、パリ内部のネットワークと鉄道との組み合わせによって、今日のパリの交通システムは成立していますが、この内部システムはすぐに完成されたわけ

図6・3　《サン゠ラザール駅》一八三七年

ではなく、一九世紀には鉄道馬車による移動もしばらく続いていました。

パリには、今では利用されていない環状鉄道線も存在しました。一九八九年の万国博覧会（中止）を計画していた折、この環状線（小環状線、プティ・サンチュールと呼ばれていました）の一部を列車で走る機会があり、この都市の交通の歴史に大いに興味を抱きました。

今日、パリのシステムは郊外とパリの中心を結ぶ高速郊外電車のRERが有効に機能することによって、パリの中心に位置する文化施設や商業施設が、周囲の地域に結びつけられる仕組みになっています。パリの都市計画を見る上で、一九世紀以降の交通システムを概観してみることは、都市というパズルを解くシミュレーションとして興味深いものであり、他の都市での計画にも様々な示唆を与えてくれるように思えます。一九八九年に計画していた万国博覧会では、前述の小環状線を復活し、セーヌ川には現行の平底観光船より大きな一五〇〇人以上乗れる船を用い、東西に分散した二つの会場を結ぶ交通計画を立てました。同時に、パリ外部から入ってくる車をパリの外周で止めて、万博期間中は車の少ない街を復活する計画を並行して考えていました。

一九八九年の万博では、一九世紀に近代化を図ったパリという都市を、一つの実験都市、環境都市として今日において試みることを企画したわけです。この万博が中止になり、私たちが計画した大胆な都市の実験ができなかったことをとても残念に思っています。

パリの終着駅の今日

一九世紀に建てられたパリの終着駅は、現在どうなっているのでしょうか。その操車スペースの広大さゆえに都市との関わりが再考されると同時に、新たな高速鉄道網の計画からTGV（超高速列車―フランス新幹線）などの列車の導入による駅の機能を加え、空間構成の改革が必要なために大掛かりな改造が行われています。

最もユニークな改造は《オルセー駅》で、一九〇〇年の万国博覧会に華々しくデビューした、堂々たる石造の立面と鉄とガラスの大屋根の駅が《オルセー美術館》として全く別の用途に置き換えられました。鉄道駅の巨大な天蓋の下の大空間は美術館の入口大ホールとして生まれかわり、駅の過去の記憶となる大時計は修復されて美術館の大空間を飾っています。

《モンパルナス駅》では、大土木工事が実施されて広大な操車スペースはすべて鉄筋コンクリートの床で覆われ、その上には都市公園が設けられています。《北駅》（ガール・デュ・ノール）は、ドーバー海峡のトンネルを抜けてロンドンとパリを結ぶ超高速列車ユーロスターが乗り入れ、空港ターミナルと同様のセキュリティチェックの機能が導入されています。ドイツ方面に向かう鉄道の起点、《東

図6・4 《オルセー美術館》内観。
改修設計：ガエ・アウレンティ
写真／著者

駅》や、南仏やスイスに向かう高速鉄道の出発点、《リヨン駅》も大掛かりな増改築が行われました。

一九六四年、日本の新幹線がスタートしてから、高速鉄道への関心は世界で高まり、とりわけヨーロッパの新幹線ネットワークは今日、着々と進行しています。一九世紀や二〇世紀はじめの終着駅の大改造と新駅の建設は、重要な都市計画、地域計画の課題となっています。

《シャルル・ド・ゴール空港駅》は、ガラスの大屋根の明るい現代建築によって、機能的にもデザイン的にも空港ターミナルと一体化してつくられています。移動のハイスピード化は鉄道と航空機の競合、競争状態となっていますが、駅、ターミナルのデザインでも同じようなことが起きています。

《ストラスブール駅》の再生

フランス東部の主要都市、EUの議会のあるストラスブールの鉄道駅は一九世紀後半に建てられた重厚な石造の駅でした。この駅は新たな高速鉄道がリンクする機会に大幅に改造されました。石造の歴史的建築のファサードの前を曲面のガラスのホールが覆う形で駅ホール空間を拡大するとともに、ガラス屋根の下、地下階にはトラムの駅が設けられ、都市内交通への快適でスムーズな結合がなされています。

図6・5《シャルル・ド・ゴール空港駅》一九九四年。パリ空港公団、構造設計：RFR　写真／著者

図6・6《ストラスブール駅》二〇〇七年。改修設計：ジャン・マリエ・デュティオール、構造設計：RFR　写真／著者

ストラスブールのトラム計画は都市内の自動車を減らし、バリアフリーの都市実現への新たな成功例として他のフランスの都市、ヨーロッパの都市へのトラムの復活、導入のさきがけとなったものですが、《ストラスブール駅》への接続の断面計画は巧みな建築計画として評価できます。曲面ガラスの形態は《関西国際空港旅客ターミナルビル》で採用したトロイダルジオメトリーの幾何学を受け継いで、透明感ある現代の空間を歴史のファサードの前につくり上げています。構造設計はパリのピーター・ライスの設立したエンジニアリングチームＲＦＲが、建築の前面の広場の庭園計画は若手のランドスケープ・アーキテクト、ミシェル・デビーニュ（一九五八〜）が計画し、市民のための都市空間を拡大しています。

ロンドンの鉄道

イギリスの絵画史に輝くウィリアム・ターナー（一七七五〜一八五一）は、印象派に先駆け新たな表現を開拓した画家ですが、蒸気機関車が鉄橋を渡る姿を描いた『雨、蒸気、スピード－グレート・ウェスタン鉄道』は新しい時代の象徴的イメージです。ターナーのサポーターには大鉄道技師、イザムバード・キングダム・ブルネル（一八〇六〜五九）がいました。

ロンドンとパリは一九九四年、英仏海峡をまたぐユーロトンネルの開通によって結ばれました。ロンドンで最も乗降客の多い《ウォータールー駅》に国際列車ユーロスターは乗り入れていましたが、イギリス側高速路線の整備の後、《セント・パンクラス駅》へと移行しています。

《セント・パンクラス駅》は大規模な改修が行われ、ウィリアム・ヘンリー・バーロウ（一八一二〜一九〇二）の設計による一九世紀のガラスの大屋根構造の空間が生かされ、駅全体は隣接する《キングス・クロス駅》とリンクしながら大幅に拡大されています。ロンドンの新しいビジネス街、カナリー・ワーフにはノーマン・フォスター設計による大規模な地下鉄駅が精緻なコンクリート構造、明確なジオメトリーのガラス屋根入口で、地下とは感じさせないのびやかな大空間をつくり出しています。ノーマン・フォスターは香港、北京などの大空港ターミナルビルの卓抜なデザインを実現していますが、最初期の《スタンステッド空港》は地下の鉄道駅に至るまで徹底したデザインの質を表す今日の空港ターミナル、鉄道駅の先駆けとなっています。

他のヨーロッパの駅

自動車好きで知られるイタリア人ですが、イタリアの鉄道は、名作映画『鉄道員』にもあるように、イタリア人の誇りの一つでしょう。長い間、時間の遅れ、ダイヤの乱れなどで不評だったイタリアの国鉄も近年大幅に改善され、長い間培って

図6・7《セント・パンクラス駅》一八六八年 写真／著者

きた車輌技術や、都市や地域によくなじんだ駅の存在などを生かして高速鉄道時代に対応しようとしています。

大規模なイタリアの鉄道駅の歴史の中で注目したいのが《ミラノ中央駅》です。いくつかの鉄道駅を統合して、中央駅にする大規模な計画はファシズム時代に行われたものですが、その特色は都市の交通システムを切断しないために各プラットホームに列車を振り分ける広大な操車スペース、駅のホームレベルを地上からもちあげ、その下をいくつもの道路が抜けられるようにしています。列車は急勾配を登ることは困難ですから、このレベルの高さを確保するための計画は壮大なものでした。大空間をホームエリアのみならず入口ホールにもつこの駅は、最近のイタリアにおける鉄道事業の上下分政策による改変などにともない、大幅に動線計画が見直されました。さらにミラノのもう一つの駅、《ポルタ・ガリバルディ駅》は新しくできた鉄道会社ヌオーヴォ・トラスポルト・ヴィアッジャトーリのベースになり、カーデザイナー、ジュルジャロー（一九三八〜）がデザインした赤い高速列車ＩＴＡＬＯが見られます。

イタリアにはいくつか近代建築の名作ともいえる鉄道駅があります。フィレンツェ、ヴェネツィア、ローマの終着駅などです。デザインの面で、イタリアの鉄道は駅舎、プラットホーム、架線に至るまで実によくできていて、他の国では見出せない質があると思います。

図６・８　《ミラノ中央駅》一九三一年　写真／著者

近代デザインのルーツの一つバウハウスの伝統をもつドイツでは、完成度の高いデザインの超高速列車ICEが主要都市を結び、それに合わせた駅の近代化が首都ベルリンをはじめ総合的に行われています。

ベルギーではアントウェルペンの駅の大改造が実現されました。伝統的建築の上屋を残し、地下を大きく掘り下げ、高速鉄道と一般路線を吸収する大工事がなされました。

スウェーデン、ノルウェーなど北欧諸国では、高速鉄道の導入と同時にローカル線にも新デザインの車輌を導入し、低公害、省エネの鉄道に市民をひきつけるために、車輌の居住性、デザイン性、サービスを向上する努力をしています。

ノルウェーのフィヨルドを走る鉄道には、子供室まである高速列車に加え、イタリアのカーデザイナー、セルジオ・ピニンファリーナ（一九二六〜二〇一二）のデザインによる眺望性に富んだローカル列車が走っていて驚かされました。脱クルマ社会の底辺を支える構造として、鉄道が生かされ始めている実体を見たように思いました。

フィンランドの首都ヘルシンキでは、中心文化地点である公園と鉄道駅の計画が長い年月をかけ再考されてきました。アルヴァ・アールトも、幾度にもわたる計画案を出しています。都市のへそにあたる大切な中心と、鉄道という大量輸送装置をどうつなげるか、バランスのとれた総合計画を行うことが何よりも大切な

図6・9《アントウェルペン駅》一九〇五年　写真／著者

テーマとして、ヘルシンキの都市計画では位置づけられています。

近年のヨーロッパで、交通において確実に進歩したのは高速鉄道網に加え、空港と都心との高速鉄道の直接リンクでしょう。

ミラノの《マルペンサ》、ロンドンの《ヒースロー》はかなり都心から離れた空港ですが、近年高速列車によりいっきょに距離を縮めました。

ノルウェーのオスロも一五分おきには高速列車が都心と空港をむすび、駅には巨大なバスターミナルが隣接しています。移動のネットワーク化は驚くほどのスピードで進んでいるといえそうです。上海では、新空港と都心を結ぶリニアモーターカーが世界に先駆けて運行され始めました。スピードの時代には、異なったスピードのレベルをどうネットワーク化するか、どう補完し合うかのシステムを組み上げることが急がれています。

鉄道車輌のデザイン

高速鉄道は現在、世界の多くの国のインフラ整備の重要なテーマとなっています。日本の新幹線はそのパイオニアといえます。大量高速輸送、規則性、安全性、省エネルギー、環境配慮などの面で優れたシステムとして、ヨーロッパの国々、大きな経済発展が進む中国、台湾、韓国などで超高速鉄道の計画が進められています。高速鉄道全体のシステムに加え、車輌のデザインも重要な役割をもって

図6・10　レイモン・ローウィがデザインした蒸気機関車
写真／RAYMOND LEOWY, un pionnier design american

います。高速鉄道の車輌から一般通勤車輌、トラムに至るまでが公共の空間、公共の形としてデザインの見直しが各国で計画されています。

鉄道車輌のデザインの歴史では、フランス出身でアメリカ合衆国を中心に活動し、流線型の蒸気機関車をデザインしたレイモンド・ローウィ（一八九三～一九八六）が知られています。フランスのＴＧＶには、工作機械など重機のデザインまでを見事にこなすロジェ・タロン（一九二九～二〇一一）が関わりました。

乗用車のデザインは、その大量生産と個人消費の欲望を促すスタイリングの必要性から各自動車メーカーが性能に加え、デザインにも開発コストを十分にかけて競い合ってきた結果、デザインの開発方法も急速に進歩しています。車でのデザイン方法の成果が鉄道車輌にももちこまれるようになったことは、ジュルジャローやピニンファリーナがデザインに加わっていることからも明らかです。鉄道は日本の新幹線のように大量の車輌が使われていても、乗用車の世界と比べれば量的な開きは大きなものです。車が生産方法もロボットを使ったスポット溶接であるのに対し、連続溶接で、さらに先頭車輌の形状作成はまさに職人技によっているといえます。

二〇〇二年から東京都心新宿と、リゾート地箱根を結ぶ特急車輌のデザインに関わりました。小田急ロマンスカー新型車輌です。その空間ヴォリュームや機能性は、まさに水平に移動する建築空間と捉えていいものだと思います。

　鉄道車輌のデザインにかかったとき、はじめに考えたことは、駅空間から車輌の内部空間（動く住空間としての）の質、都市や自然の風景の中を水平に移行するオブジェとしての鉄道車輌の姿という二つの特徴でした。車輌デザインの原点を求めて方法を組み立てていく中から、新たなコンセプトを導き出せるのではないかと考えたわけです。鉄道の歴史を利用者にとっての移動空間の歴史として見ることや、他の移動手段、車や船、航空機との差異と共通点、とりわけ住空間との比較などがデザインコンセプトをつくり出していく大前提になりました。

　はじめて関わることになるデザイン分野では、白紙状態からのアプローチを大切にしていくこと、デザインプロセスの方法を新たに見出していくことが大切だと考えます。具体的なこの特急車輌のデザインプロセスについては、第9章で詳しくお伝えします。

トラム・ネットワークの可能性

今日、都市内交通においてトラムが復活してきています。とりわけヨーロッパの中小規模の都市では、トラムに低床型を採用してバリアフリーを基本としたサー

図6・11《小田急ロマンスカー50000形VSE》二〇〇五年。岡部憲明アーキテクチャーネットワーク　提供／小田急電鉄

ビス改善を施して導入されています。デザイン的にもハイモダンなものが、新たな街の景観の一つとなっています。フランスでは、ストラスブールやリヨンで新しいトラムが活躍しています。メトロの発達したパリでも、いったん廃止されていたトラム一号線が一九九二年から復活し、ＲＥＲ（郊外電車線）とのリンクやメトロとバスによる都市内交通を補完する役割をもち始めました。

トラムを都市内交通として利用し続けた都市は、プラハ、ヨーテボリ、チューリッヒなどに見られますが、トラムを廃止したヨーロッパの都市でも、再び利用を開始するケースが顕著になってきています。トラムを存続させた都市、チューリッヒやフライブルグなども、その近代化、拡大化が進められています。

日本においても東京、京都をはじめ、トラムのネットワークが市内を巡らされた時代がありました。

今日、ヨーロッパの都市がトラムを重視するのは、高齢化社会に対応するバリアフリー政策と、二酸化炭素削減、環境問題対応が根底にあります。都市環境を豊かにするには、トラムは有効な手段として考えられています。日本でもトラムの復活が叫ばれていますが、積極的にトラムが都市交通として復活しているケースは富山市や広島市などほんのわずかです。トラムの採算性が問題の中心にあるとすれば、公共性、社会性とは何かを前提にした考えをもちこまないかぎり、トラムの復活は望めないことになります。次々進むトラム計画に、多くのヨーロッ

図6・12　「札幌市路面電車トータルデザイン検討業務プロポーザル二等案」二〇一一年。岡部憲明アーキテクチャーネットワーク　図版／NOAN

パの都市が向かっているのは確かな方向に思えます。

経済性に対する方策や、土地利用、道路利用の法整備などの問題が解決され、日本においてもトラム・ネットワークが広がることを期待しています。都市全体を見据えたグローバルな視座からのトラム・ネットワーク、都市交通システム・ネットワークが今日の日本の大都市、地方都市の急務な課題ではないでしょうか。

建築を変える移動のシステム

エレベーターの発明はその安全性にかかっていました。キャビンを吊り上げている綱が切れてもキャビンの落下を確実に防止できるパラシュート・システムが、一八五三年にエリーシャ・グレーブス・オーティス（一八一一～六一）によって発明されました。また一八六七年のパリ万博には、レオン・エドゥーが大型の水圧式エレベーターで観客を機械館の屋上まで運ぶデモンストレーションを行っています。エレベーターなくしては高層、ましてや超高層ビルは存在しえなかったでしょう。

現在ではエレベーターはより高速化していますが、二〇〇三年に完成した東京六本木の《森タワー》では、二階建てのエレベーターまで登場しています。こうした高層用のエレベーターの発展以外に機械室の要らないコンパクトなエレベーターが家庭用、中小規模建築用に開発されています。バリアフリーの時代に、こ

うしたエレベーターは欠くことのできないものになるでしょう。

一九〇〇年、パリ万博ではパヴィリオンの屋上に展望用の「動く歩道」が設置されました。映画の祖といえるリュミエール兄弟が、この「動く歩道」に我先にと乗っているパリ市民の姿を映像で残しています。

大量に連続的に人を上下に運ぶエスカレーターは、建築内はもとより都市内交通の拠点鉄道駅、地下鉄構内などにとっては必要条件となっています。エスカレーターの運転スピードは国によってまちまちで、日本では安全性を考えて一般にかなりロースピードです。ロンドンの地下鉄のエスカレーターはそのスピードになれないと戸惑うほどですが、地下深い路線の駅には一直線に伸びる高速エスカレーターは効果的です。エスカレーターを建築的表徴としている建築作品には、《ポンピドゥー・センター》、ノーマン・フォスター（一九三五〜）のデザインによる《香港上海銀行》などがあります。

水平に動くエレベーターとも考えられるのは、《関西空港旅客ターミナルビル》でも採用し大規模空港で多く使われている新交通、あるいはAGT（自動誘導交通システム）といわれる無人運転可能な車輌です。モノレール型を含め、リニアモータータイプなどいくつもの方法が可能です。東京のゆりかもめなど都市交通にも使われています。

図6・13《ポンピドゥー・センター》広場側のエスカレーター　写真／著者

空港とターミナルの時代

IATA[*1]の統計では、二〇一四年には年間三三億人の人々が航空機を使って移動し、二〇一七年には三九億人を超えると予想されています。これは世界人口の半分を超えることになります。一九〇三年、ライト兄弟が航空機による人類初の飛行に成功してから、人間は空を飛ぶ移動手段を今日では全く日常のものとしてきました。

ここに一枚のドローイングがあります。一九三二年のフランスの建築雑誌『AA（アーキテクチュール・ドージュドゥイ）』に載ったアンドレ・リュルサ（一八九四～一九七〇）という建築家による、セーヌ川上のパリの空港のプロジェクトです。《エッフェル塔》に近いセーヌ川の中の島アレ・ド・シーニュ（白鳥の路）の上に建設する計画で、幅二〇～三〇メートル、長さ八〇〇メートルくらいの小さなものです。ところが《関西国際空港》の第一次計画の空港島は五一〇ヘクタールで、二〇〇七年完成した第二の島を合わせると一〇五五ヘクタール。パリの《シャルル・ド・ゴール空港》は三〇〇〇ヘクタールを超える敷地をもちます。アメリカにはその二倍の六〇〇〇ヘクタールを超える空港もあります。中規模都市の規模を遥かに超える大きさで、中東やアジアの新空港も巨大化しています。

一九三〇年代の建築家が予想だにしなかった爆発的な膨張の要因の一つは、いっきょに一機三〇〇～五〇〇人の旅客を運ぶ大量輸送航空機、ジャンボ機

＊1　International Air Transport Association（国際航空運送協会）

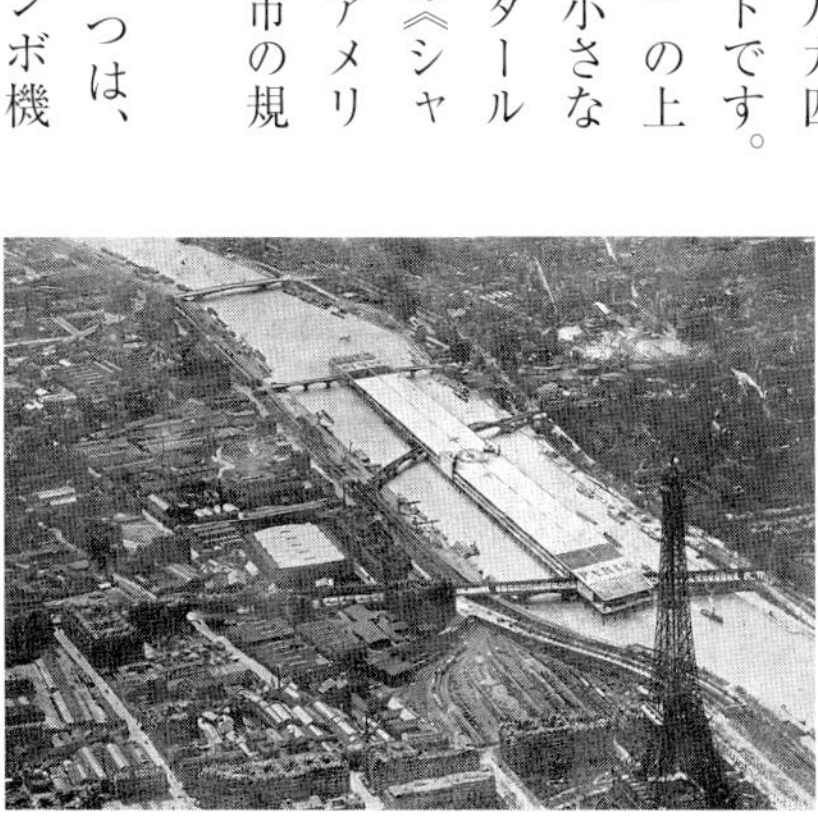

図6・14「セーヌ川上の空港計画」一九三二年。アンドレ・リュルサ

（ボーイング747）の登場でした。

空港の中で一般の旅客が利用するのが旅客ターミナル、国際空港ではこのターミナルの中が国境線となります。空港旅客ターミナルビルの建築と空間を旅客の目から見て捉えてみたいと思います。私が設計、建設デザイン監理に関わっていた《関西国際空港旅客ターミナルビル》を例にお話しします。

空港旅客ターミナル——現代の移動空間の拠点

空港の旅客ターミナルが建築デザインの上でとりあげられるのは、航空機が最も早く移動手段として普及したアメリカ合衆国であったといえます。他の多くの国において主要空港の建設や運営が国家事業、もしくはそれに準ずる公的事業であり、旅客ターミナルもその一つとして位置づけられているのに対し、アメリカでは各航空会社が中心となって事業が進められてきたことから、ターミナルは航空会社のシンボル的要素として存在していたといえます。

一九六二年に完成したエーロ・サーリネン（一九一〇〜六一）設計のニューヨークの《TWAターミナル》は、旅客ジェット機時代の始まりのシンボリカルな存在でした。翼を広げた鳥をイメージさせる表現主義的な外観と、曲面で包まれる有機的な内部空間は、航空機時代の到来を告げる存在であったに違いありません。しかしこの素晴らしい「移動の空間」は、ジャンボ機時代の大量な旅客の空間と

図6・15《関西国際空港旅客ターミナルビル》全景　写真／細川和昭、提供／NOAN

して機能することは困難になります。七〇年代に入り急速な旅客数の上昇は、空港システムと、旅客ターミナル建築を根本から変えていきます。

主力旅客機が変われば、旅客ターミナルビルは変わらざるを得ないことになります。世界の空港とその旅客ターミナルビルは七〇年代に入りより大型化、複雑化していきます。

一九七四年にはターミナルビルの中央の空間をガラスチューブの動く歩道が斜行して上昇する《シャルル・ド・ゴール空港》が開港し、未来建築ともいえそうなターミナルビルが生まれます。《関西国際空港旅客ターミナルビル》の設計チームの一員となったパリ空港公団（ポール・アンドリュー［一九三八〜］）によって設計されました。

「航空機の機材の変化、旅客量の変化、ＥＵの登場のように政治経済圏の変化などが起きると空港は再編しなくてはならない。七四年にできた《シャルル・ド・ゴール空港》の第一ターミナルビルは、コンコルドを優先的に意識して設計したもので、ジャンボが主力機となり、エアバスがそれについで多量に投入されてきた時代に全く異なった空間構成で第二ターミナルが考えられた」

パリ空港公団のエンジニアが説明してくれました。その第二ターミナルビルも、関西空港以後にできた最も最近の拡張では、異なる空間構成をもち、より巨大化しています。

図6・16《関西国際空港旅客ターミナルビル》内観、搭乗ラウンジ
写真／細川和昭、提供／ＮＯＡＮ

「増築システムを必死で考えたとして、航空事情の変化のスピードの前では役に立たず、全く考え直さなくてはならないことになる」と、先のエンジニアが語ってくれました。今日、さらに巨大な二階建てのエアバスA380の登場で世界の主要空港ではその対応が行われています。ドバイやシンガポールではA380に合わせた新たなターミナルビルが建設され、パリ《シャルル・ド・ゴール空港》もA380を主に対応した2Eターミナルビルが建設されました。

《関西国際空港旅客ターミナルビル》は日本初の二四時間空港、国内線と国際線の乗り継ぎ、国際線間の乗り継ぎの容易なハブ空港、鉄道利用客の利便性を重要視するなどの基本方針のもとに設計され、四一の航空機の駐機スポットがターミナルに直結（ダイレクトボーディング）し、スピーディな乗降ができる形でつくられています。

旅客と荷物をスピーディに処理することが空港ターミナルビルの基本機能で、そのための移動空間の構成と移動システムの採用と荷物搬送システムの選択が設計過程の最重要課題でした。

《関西空港旅客ターミナルビル》の空間機能構成の基本は、パリ空港公団によって提案されたものに基づいていますが、国内線と国際線の乗り継ぎをスピーディに行えるように、国際線の出発階と到着階の間に国内線の出発到着のフロアを設けるというユニークな構成（サンドウィッチ構成）になっています。これにより、

図6・17《関西国際空港旅客ターミナルビル》断面図。レンゾ・ピアノ・ビルディング・ワークショップ・ジャパン　提供／NOAN

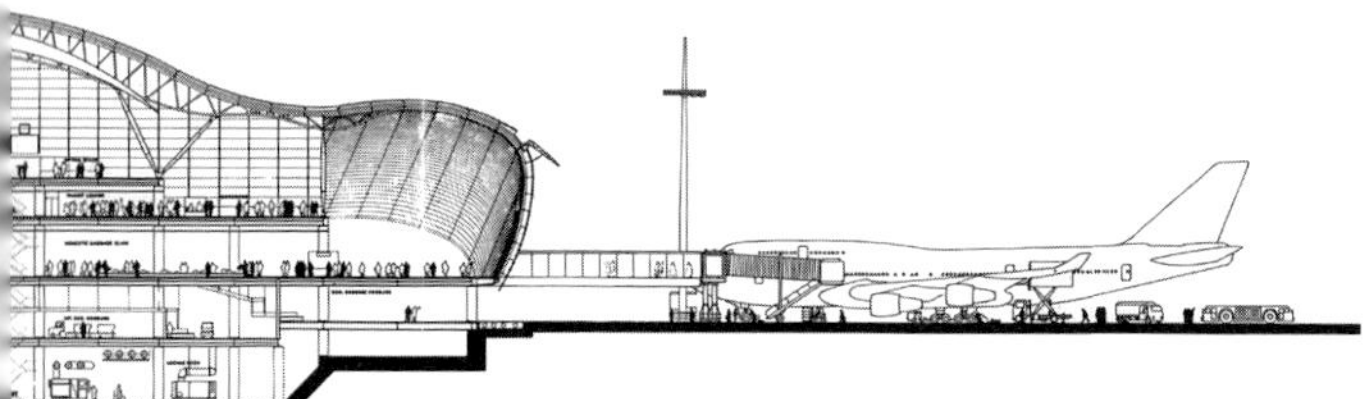

限られた人口島の敷地を最大限活用し、四一のスポットをもつターミナルが可能となっています。

私たちの建築家チームの側がコンペ以来、この機能構成を実際の空間デザインとして成立させるための基本に考えたのは、視覚的なわかりやすさです。サインに頼らず、自分がどこにいて、どこに行けばよいかがわかる「移動の空間」をデザインすることです。

「方向性と透明性」を基本のデザイン理念としてコンペ時に提案しましたが、実際の設計の中でこの理念を貫くことができたと思っています。

サンドウィッチ構成という画期的な構成を旅客にわかりやすくするために幅二八メートル、長さ約三〇〇メートル、高さ二八メートルの巨大な吹抜け空間(キャニオンと呼んでいました)を設け、そこにエスカレーター、ガラス張りのエレベーター、ガラスフェンスの渡り廊下などを設け、ターミナルの構成がいっきょに見渡せるようになっています。あとはその中を動いている旅客自身の姿が、まるで矢印のように方向を示してくれることになります。

ターミナルビルの中央部の国際線出発階や国内線階では、航空機のいるエアサイドと、鉄道駅側のランドサイドの方向をわかりやすく見通せるように空間の構成や通路、チェックインカウンターの配置がなされています。一七〇〇メートルの長さで、両翼それぞれは七〇〇メートルありますが、そこへの移動には水平に

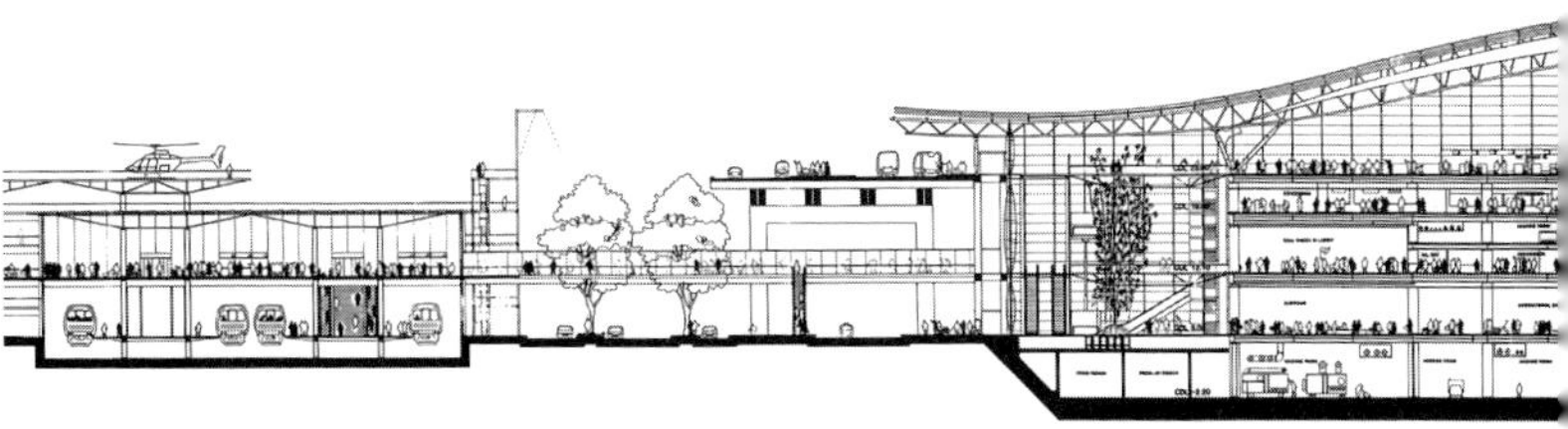

走るエレベーターともいえる無人の交通システムの車両が走行し、短時間で乗客を国際線搭乗ラウンジに運びます。

《関西国際空港旅客ターミナルビル》は、それが大規模な国際コンペを通じての設計であったことに象徴されるように、大規模空港ターミナルの建築デザインの始まりを示したように思えます。その後、香港、上海、北京など中国の大都市、韓国のインチョン、またはドバイ、アブダビ、カタールなど中東の都市での大規模空港とそのターミナルビルが建設され、ヨーロッパの空港の改築増築も相次いでいます。

ヨーロッパで最大規模の空港ターミナルビルはロンドン《ヒースロー空港第五ターミナルビル》。この設計は、《ポンピドゥー・センター》でレンゾ・ピアノとパートナーを組んでいたリチャード・ロジャースのオフィスとＡＲＵＰが設計しました。

移動空間の課題

人類の長い歴史の中で船舶による移動に加え、一九世紀以降の鉄道網の発達、自動車の普及、そして二〇世紀の航空機の登場により物理空間の仕組みは大きく変化し、自然、地理の上に人工のネットワークが張り巡らされて今日に至っています。鉄道駅や空港ターミナルビルは巨大建築化し、都市構造に大きな変化をもた

図6・18《関西国際空港旅客ターミナルビル》内観、メインターミナルビル四階、国際線出発カウンターエリア　写真／著者

らしていますが、交通手段となる鉄道車輌、地下鉄、トラム、バスを含む自動車、航空機などとのグローバルな構造の把握と、新たな技術とデザインの提案が今日の課題といえます。

二酸化炭素排出を含む地球環境の問題、高齢化社会の課題を含むバリアフリーへの対応、そして日本で特に重要テーマとなるのは自然災害への対応だと思います。防災拠点として鉄道駅、空港施設は重要度を増しています。デザインと技術が果たすべきテーマが「移動空間」の中には満ちています。人間性を重視した現代、そして未来社会への大きなデザインと技術の課題がここにあります。

a threshold
screen

図 7.1 「ナム・ジュン・パイク美術館国際公開設計競技 3 等案」2003 年。岡部憲明アーキテクチャーネットワーク　写真／NOAN

第7章　都市とアート

山河や海のある風景、田園のある風景、落ち着いた街並み、それらは地方に暮らす大きな魅力です。空気の爽やかさは、都会では味わえないものです。地方の豊かさに対して都会のもつ魅力は何でしょう。スピーディに動くビジネス、多くの人々との出会い、新しい情報と新しい街並み、大衆消費時代の都市はめまぐるしい喜びと喧騒の中に孤独を生んでいます。都市の中でほっとできたり、自分をもう一度見出したり、立ち止まって考えたりできる場所はどこにあるのでしょうか。公園やカフェや行きつけの飲み屋など、人それぞれにそうした場所を見出しているることでしょうが、あらゆる世代がきっと心の豊かさを取り戻すことができる場所の一つに「アートと出会う場」があるといえます。

時代を超えて語りかける古典芸術、現代の社会を客観的に見抜く現代アートなど、様々なアートと出会うときに、自分と社会、過去と現在、そして未来を考えることができるのではないでしょうか。そうした意味で、都市における美術館やギャラリーなどの「アートの場」は都会に住む人間にとっては「心のオアシス」ともいえる空間です。戦争を繰り返し続けた二〇世紀は、それまでの価値が崩壊

図7・2「横浜トリエンナーレ二〇〇一」二〇〇一年。展示空間デザイン：岡部憲明アーキテクチャーネットワーク　写真／NOAN

し、イデオロギーの消滅ともいえる形でその終末を迎えました。価値観の多様化、世界のグローバル化の中に始まった二一世紀は、「アート」がより人間の精神や生活の中で意味をもつ時代になったといえるように思います。

こうした意見をもつのは、世界のいくつもの都市や地域で増加しているアートフェスティバルや美術館、演劇、音楽の場が、以前より遥かに活発になってきている実体を知るからです。ビエンナーレ、トリエンナーレといったアートフェスティバルは都市や地域を生き生きとさせ、異なった世代の交流や、新たな価値を模索する若者たちの意識に訴える何かを創り上げていると思います。

二〇〇一年に開催された「横浜トリエンナーレ」では、予想を大きく上回る数の人々が訪れました。現代アートの展示ということで、主催者も会場の展示構成に携わった私たちもどれだけの人々が来てくれるか心配していましたが、統計結果はとても好ましいものでした。

二〇〇三年秋には東京の中心、六本木の超高層ビルの最上階に《森美術館》がオープンし、誰の眼にもアートがより身近になっていく現象が確かなものになってきました。

もちろんこうした一部の成功例だけでなく、現在、経済の低迷の中、公共においては文化予算が低減する憂き目にも遭っています。「文化は余分なものだ」という固定観念が、一部の行政側にも一般の人々の中にもあるからでしょう。しか

図7・3 《森美術館》「ハピネス」展。二〇〇三年。展示空間デザイン：岡部憲明アーキテクチャーネットワーク 写真／NOAN

し先に述べたように、文化やアートは今日的な人間社会の大きな課題であることをしっかりと見つめていかなくてはならないと思います。

このような認識に基づいて、この章では都市と文化施設のあり方について、現代の都市とアートの場について考えていきたいと思います。

《ポンピドゥー・センター》――パリの文化施設

《ポンピドゥー・センター》の挑戦

一九六八年は、世界が学生運動で大きく揺れ動いた年でした。パリでは、街頭で学生と警官隊との衝突が繰り返されました（私がはじめてパリに入ったのは七三年でしたが、学生街カルティエ・ラタンではいまだ散発的に小さなデモが目撃されました）。この六八年の事件の後、フランスでは大学の再編成などの改革が行われますが、政府関係者、知識人、学生、市民の多くが精神的に深く傷つき、方向の見えない状況が続いたといえます。時代に文化をより大衆に開き、誰もが気楽にアクセスできる文化施設、気軽に使える大規模な図書館と二〇世紀以降の近現代美術を展示する美術館を中核とした総合文化施設の建設計画が、一九六九年にポンピドゥー大統領によって決められました。ボブール・センター（今日の《ポンピドゥー・センター》）の計画の始まりです。

センターの計画は近代美術館（ＭＮＡＭ）、公共情報図書館（ＢＰＩ）、工業デ

図7・4　上空から見た《ポンピドゥー・センター》
写真／Piano & Rogers

ザインセンター（CCI、のち一九九一年に近代美術館と合併、現在は文化開発部DDCが加わっています）、音響音楽研究所（IRCAM）の四つの部門によって編成される世界でもはじめての巨大な総合文化施設となり、建築は一九七一年に国際公開設計競技が開催され、六八一案の中からレンゾ・ピアノ、リチャード・ロジャース、ジャン・フランコ・フランキーニの案が選ばれ、ピアノ・アンド・ロジャースがイギリスのエンジニア集団ARUPの協力をえて実現への設計、施工監理を行い、一九七七年一月三一日に開館しました（音響音楽研究所IRCAMは一年後に開館）。私自身は七四〜七八年のIRCAMの開館まで、設計建設にピアノ・アンド・ロジャースのメンバーとして計画に携わりましたが、その後も拡張計画や変更計画、展示設計など一九八八年まで《ポンピドゥー・センター》とはおつきあいをしました。《ポンピドゥー・センター》における巨大で複雑な文化施設の設計と運営面について知ったことは、自分にとって最も貴重な経験の一つになったと思っています。

　都市の文化施設、とりわけ《ポンピドゥー・センター》のように大規模な複合文化施設を多くの人々に利用される施設として成功させるにはいくつもの条件が必要ですが、センターの実現の第一歩には優れたプログラムがあったといえます。プログラムとは施設の設立概念から建設の規模、敷地の選定、組織構成、運営内容などについての条件を示します。総合文化施設に対する基本概念はオランダの

図7・5《ポンピドゥー・センター》広場側西面ファサード。人の動きが見える　写真／著者

図7・6《ポンピドゥー・センター》東面ファサード。設備機器が見える　写真／G.B.Gardin、提供／RPBW

ウィリアム・サンドバーグの実践と研究を発展させ、建築の国際公開設計競技のプログラムとして世界の建築家に示したもので、ピアノたちの当選案は大変ラディカルな表現を示していたと同時に、このプログラムに的確に答えていたものです。

建築のコンペの中で最もハードなものは大規模な国際公開設計競技ですが、その中からいくつも時代を超える建築が生まれてきました。コンペにおけるプログラム同様に大切なのは審査員でしょう。《ポンピドゥー・センター》の審査は、審査委員長に近代建築の中で技術的開発とそれに基づいたデザインを進めたフランスのジャン・プルーヴェ、アメリカ建築界の長老フィリップ・ジョンソン、それに美術館館長でデザイナーのウィリアム・サンドバーグなどがあたり、優れた審査員に恵まれていました。時代を超えるラディカルな建築を選択するには、審査員の側の審査眼、判断力と勇気が必要です。二〇世紀の記念碑的建築の筆頭にあげられる《シドニー・オペラハウス》の当選案（ヨーン・ウッツォン）は、落選案の中に埋もれていた中から審査員であるアメリカの建築家エーロ・サーリネンが見出したといわれています。

《ポンピドゥー・センター》の場合も、ジョンソンの強い支持があったと聞いています。当選案は、建築家の技術サポートとして《シドニー・オペラハウス》の構造設計に携わったＡＲＵＰがコンペのときから参加していました。ＡＲＵＰ

図7・7《ポンピドゥー・センター》断面図。ピアノ・アンド・ロジャース 図版／Piano & Rogers

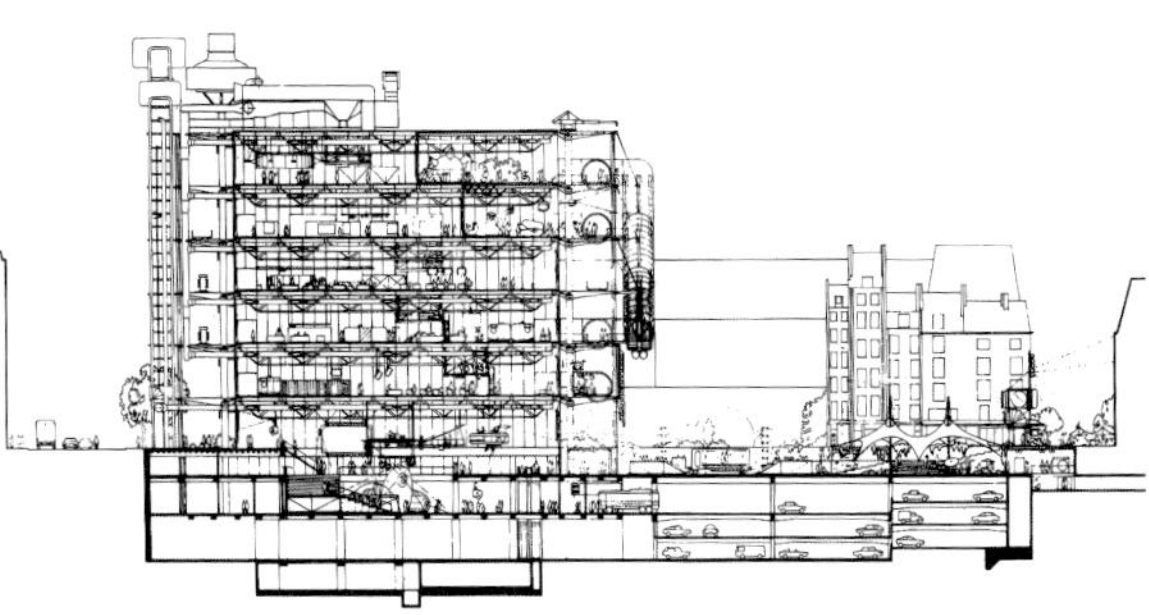

によってきわめて新しい建築の技術的保証がされていたことが、若い建築家グループにとって、このプロジェクトを実現する最大の助けであったことは確かです。もう一つの大きなサポートは、初代館長のロベール・ボルダース（一九〇八〜九六）を筆頭とするフランス政府の官僚たちです。パリの街とは全く異なる相貌の建築ゆえ、建築家たちが多くの批判にさらされたとき、強く支持してくれたのは彼らです。

《ポンピドゥー・センター》の建築

都市における文化施設が市民に利用されやすいか否かを決める要素として、その立地条件があります。センターは《ノートルダム大聖堂》に近いまさにパリの中心にその敷地を与えられました。この敷地から徒歩五、六分のところのレ・アールと呼ばれる旧中央市場跡に地下鉄、高速郊外電車が集まる地下駅とショッピングエリアがあります。

パリの中心にあり、公共交通の要に隣接していることによって、センターは十分に多くの市民に利用される条件を備えています。

《ポンピドゥー・センター》は、そのプログラムに従って夜一〇時（美術館と展覧会は一一時から夜九時）まで開いています。仕事帰りの人々がセンターによってから郊外の自宅に戻るのに何の苦もないし、パリ周辺の新都市からやってくる

図7・8　《ポンピドゥー・センター》内観　写真／著者

のも容易です。一九世紀以降のパリの都市計画の成果がこの立地条件と適合します。

パリの中心にあることで、《ポンピドゥー・センター》の上層階の回廊からは市街が一望できます。《エッフェル塔》からの遠景と異なったパリの中心からパリが見渡せることで、都市を総体として見る眼を市民に与えてくれます。こうした考え方は二〇年後にロンドンの《テート・モダン》にも取り入れられ、東京の《森美術館》にも受け継がれていると思います。

文化のマシーンを生むフレキシブルな建築

《ポンピドゥー・センター》の建築は紆余曲折を経ながら、コンペ案ときわめて近い形でそのデザインコンセプトを実現したと思います。

延べ床面積は一〇万平方メートルを超えます。半分は地下にあり、パーキング、機械室、収蔵庫、それに様々な展覧会の展示スペースの壁やケースをつくるアトリエ、ビデオスタジオなど、センターの活動をサポートする機能がこの地下にあります。地上部は、長さ一六〇メートル×幅五〇メートル×最高高さ四八メートルあり、この建築に呼応して、西側の前面広場が建物に向かってゆっくりとした勾配で人々を導き入れます。

広場からセンターに入ると、フォーラムと呼ばれる大きな空間に出会います。

図7・9《ポンピドゥー・センター》音響音楽研究所。ピアノ・アンド・ロジャース 写真／G.B.Gardin、提供／RPBW

センターの入口ホールにあたる部分で、展示スペース、チケット売場、書店やインフォメーションなどがあり、この部分はコンペ案で一九世紀、二〇世紀初頭の終着駅のように誰もが通過するスペースとして考えられた場所です。ここから上の階には完全開架式の公共情報図書館と美術館の常設展、企画展のスペースが積み重なって構成されます。各階へは建築の広場側、西立面に吊り下げられた透明なガラスチューブに覆われたエスカレーターでアクセスします。このエスカレーターを登るとき、センター内の活動、前面広場の都市の賑わい、そしてパリの風景を同時に眼にすることができます。

誰もが親しめる場、新しい発見を感じられる仕組みは、実はこうした大胆な建築の構成から生まれてくるといえます。

《ポンピドゥー・センター》には、開館以来、一日二万人を超す人々が訪れています。半分は常連で図書館の利用者です。近代美術館は「パリ—ニューヨーク」「パリ—ベルリン」「パリ—モスクワ」と続く二都展で多くの大衆を惹きつけました。その後大人気をよんだ「ウィーン」展。現代の思想的テーマを追った「イマテリオー（非物質）」展、「大地の魔術師」展などのテーマ展は、一九七七〜九七年まで三〇回を超します。様々な角度からアートを総括する企画、テーマ展が続くとともに、このテーマ展の方法は近年、常設展示にも活用されています。「マルセル・デュシャン」「ルネ・マグリット」「バルテュス」展など作家の大回顧展も数多く開催されています。

「前衛芸術の日本」展

一九七七年に《ポンピドゥー・センター》が開館した後、私はレンゾ・ピアノとイタリアに移り、三年ほど実験的なプロジェクトを行い、その後再びパリに戻りました。パリのオフィスを立て直し、《ポンピドゥー・センター》の増・改築や再開発計画にパリのオフィスのチーフ・アーキテクトとして関わっていた頃、《ポンピドゥー・センター近代美術館》のチーフ・キュレーター、ジェルマン・ヴィアットから「前衛芸術の日本」の展覧会の空間構成を依頼されました。レンゾ・ピアノ・ビルディング・ワークショップでの仕事もかなりあった時期でしたが、日本がテーマであること、そして自分で関わった美術館のスペースを実際使って展示してみるという機会であったことに惹かれて引き受け、二年間にわたり七〇〇点余の作品の展示設計に携わりました。前述した《ポンピドゥー・センター》の二都市展は美術だけでなく、映画、写真、文学など多領域を対象としたように、「前衛芸術の日本」展も展示空間においては絵画、彫刻、工芸、建築、インダストリアルデザイン、グラフィックデザイン、ファッションと多分野にわたっていました。会期の一九八六年暮れから八七年初めの三ヵ月間には日本映画の上映もあり、日本文学の講演会なども開かれて、浅田彰、柄谷行人、中上健次などが

図7・10 「前衛芸術の日本」展開催時の《ポンピドゥー・センター》写真／著者

訪れました。

展示空間の設計は各部門の美術担当者との多くの打合わせに加え、日本におもむいて作品を見ることが何度も行われ、展示方法とレイアウトが決められました。一部には藤井厚二設計の《聴竹居》のように、実寸での建築の部分的再現などがありました。そうした多くの作業は、実際の建築を三、四個つくるくらいの労力が必要に思われました。《ポンピドゥー・センター》の企画展示室は壁のない空間ですから、展覧会に応じてすべて構築します。展覧会ごとにスペースを組み上げるわけですから労力もコストもかかりますが、全く独自の展示空間を生むことができます。センターの地下にはこうした壁やケースのストック、製作アトリエがあります。

ここの展示空間には必ず建築家が加わって（センター内の建築家の場合も私のように外から入る場合もありますが）展覧会のコンセプトづくりに関わり、作品選択の段階から美術館のディレクターたちと一体となって作業を進めていきます。このシステムが展覧会自体の質を高める要因になっていると思います。《ポンピドゥー・センター》は、七〇年代後半に画期的な文化施設のあり方を示し、その活動を今日まで展開してきました。年間六〇〇万〜八〇〇万の人々が訪れています。今日まで改築工事の二年間をのぞいても三〇年間以上その活動を続け、パリという都市の、市民の文化の中心となる場であり続けているといえるでしょう。

図7・11 「前衛芸術の日本」展の導入部。白髪一雄の作品 写真／著者

《ポンピドゥー・センター》の実験ともいえる都市の新たな文化施設のあり方は、フランス内の多くの都市、ヨーロッパの文化施設、そして日本の文化施設にも一つの方向を与えています。

《ポンピドゥー・センター》以降の文化施設

《ポンピドゥー・センター》で切り開かれた「開かれた文化施設」の方向は、一九八六年暮れの《オルセー美術館》の開館、ラ・ヴィレット公園内の《科学産業博物館》、バスティーユの《新オペラ座》、《ルーヴル美術館》大改造などに加え、《アラブ世界研究所》《ピカソ美術館》など中規模の文化施設の充実に続きます。世界の文化、文明の遺産を展示する《ケ・ブランリー文明博物館》が《エッフェル塔》近くのセーヌ河畔に二〇〇六年に開館しました。公的な文化施設以外にカルティエ財団の美術館などが独自の企画で活発な活動を続けています。

フランス文化行政は、大統領の強い権限と意志によって進められてきたといえると思います。ポンピドゥー大統領の《ポンピドゥー・センター》、ジスカール・デスタン大統領の《オルセー美術館》、そしてグラン・プロジェと名付けた大規模文化施設、公共建築を進めたフランソワ・ミッテラン大統領、ジャック・シラク大統領時代の《ケ・ブランリー文明博物館》。それらの中で最大のプロジェクトは《ルーヴル美術館》の拡張改修工事ですが、今日に至るまで続きます。中庭

図7・12 「前衛芸術の日本」展の展示風景。手前は丹下健三の「東京計画」 写真／著者

部分を利用した新たな大屋根空間、イスラム文化のスペース、さらには北の工業都市につくられ、二〇一三年に開館した《ルーヴル・ランス》（設計：妹島和世、西沢立衛）など。東のドイツに近い都市メッツには《ポンピドゥー・センター別館》（設計：坂茂、ジャン・ドゥ・ガスティーヌ）が二〇一〇年に生まれています。文化をより市民に近づけ開放していく方針は、《ポンピドゥー・センター》設立に始まりますが、その後、文化大臣、ジャック・ラングによる首都と地方の格差を少なくする地方分権の文化政策が基本的な文化の普及開放政策となり、積極的に進められるようになりました。自国の人口六〇〇〇万よりはるかに多い年間観光客のフランスへの訪問を後押ししているのも、こうした文化政策の存在かもしれません。

大中規模の美術館、博物館にギャラリー、劇場、ホール、映画館まで加えると、パリは文化施設のマトリックスのような都市ということになります。量と同時に質的な充実を考えると、都市機能の中で文化の重みがこれほどの密度で存在している都市はヨーロッパでも世界でも唯一かもしれません。

《テート・モダン》とロンドン再開発

最近、ヨーロッパで最も元気のいい都市をあげると、ロンドンの名があげられるでしょう。西暦二〇〇〇年記念を目指して大きなプロジェクトがロンドンではの

図7・13　《テート・モダン》二〇〇〇年。ジャック・ヘルツォーク、ピエール・ド・ムーロン
写真／著者

きなみ動き出し、都市を変えていきました。その代表的なプロジェクトが《セント・ポール大聖堂》の対岸テームズ河畔の火力発電所を改造してできた美術館《テート・モダン》です。国際指名コンペの結果、スイス人のジャック・ヘルツォーク（一九五〇〜）とピエール・ド・ムーロン（一九五〇〜）の案が通って実現し、二〇〇〇年の五月にオープンし、現在、拡張工事が進み二〇一六年末の新館の開館を目指しています。

火力発電所の発電用タービンが置かれていた巨大空間は、《タービン・ホール》の名を残し、大規模のアート・インスタレーションの場となりました。この大空間には年に一回一人のアーティストの手による作品が展示されます。今日まで最も記憶に残るインパクトを与えたのは、デンマークの若手アーティスト、オラファー・エリアソン（一九六七〜）のウェザー・プロジェクトでしょう。この大空間の天井全体を鏡面とし、片方の妻壁に巨大な太陽を掲げた作品で、時折霧が流れる神秘的な世界には、訪れる人々誰もが感嘆の声をあげるほどでした。床に寝転べば、鏡の天井（二倍に拡張された距離の先）に自らの姿を見出します。《タービン・ホール》は無料であり、ロンドン市民たちのテームズ河畔の散策の通り路にもなっています。ローマの教会に入ればカラバッジョなどバロックの名画に日常的に出会えるように、《タービン・ホール》では現代アートの創り出す環境の中に自らが包み込まれるわけです。

図7・14 《タービン・ホール》のアート・インスタレーション。二〇〇三年。オラファー・エリアソン 写真／著者

このエリアを含む、テームズの河畔にはすでに《国立劇場》（ナショナルシアター）や、《ロイヤルフェスティバルホール》などが並んであったわけですが、《テート・モダン》のオープンと同時に、この河畔が歩行者のための散歩道として形成され、地下鉄ジュビリー線が延長して地下鉄駅が使えるようになった上、《セント・ポール寺院》側とつなぐ歩道橋《ミレニアム・ブリッジ》（ノーマン・フォスター、構造設計：ARUP）も建設され、さらに二〇〇〇年を記念した巨大な観覧車《ロンドン・アイ》や、さらに先鋭的な現代アートのギャラリー、《サーチ・ギャラリー》（現在はロンドン中心部に移転）などが加わり、楽しげな都市の外部空間と文化施設群のエリアが生まれました。

地下鉄新線、ジュビリーラインは、リチャード・ロジャース設計の《ミレニアム・ドーム》などを結んでいます。《テート・モダン》開館後、それまでのテート美術館は《テート・ブリテン》と名を変えますが、この二つの間は、テームズ川を渡る高速船で結ばれています。ロンドン市内の美術館、博物館も大幅に改装され、展示空間の充実に加え、ブックショップやレストラン、カフェなど、文化に触れるとともにくつろげる場を加える形で市民のための文化施設の充実が図られています。

《大英博物館》も大英図書館を移設した後、中庭をノーマン・フォスター設計によるガラス屋根で覆い、カフェや書店を加えた上にさらなる改築がなされまし

図7・15《ミレニアム・ブリッジ》一九九九年。ノーマン・フォスター。構造設計：ARUP　写真／著者

た。文化の場が、市民の庭や居間のような存在になりつつあるのがロンドンの今日だといえます。

ベルリン――首都の再構築

東西を隔てる壁の崩壊の後、ベルリンは新首都としての形を急速に形成していきます。中心部のポツダム広場の計画は、レンゾ・ピアノ・ビルディング・ワークショップが全体計画と中心施設をまとめ、リチャード・ロジャース、磯崎新、ラファエロ・モネオなどの建築家が、それぞれの建築をデザインしています。ベルリンは沼地にできたような都市ですから地下水位が高い上、水位が下がると周辺の森に大きな影響が出てしまいます。そのため地下水位を変えず、地下水を汚さないで工事を行うことが厳守されなくてはならない厳しい条件の中で、本来なら時間をかけてゆっくりとつくりあげられる都市の質を、わずか一〇年足らずでつくりあげる試みがなされました。プロジェクト全体の責任者の一人であるドイツ人のマネージャーは一度、《関西国際空港》の現場を見学にきましたが、後に私がベルリンの現場を見学にいったときの言葉はよく記憶しています。

「君らのプロジェクトは確かに人工島という困難さの上に実現した大変なプロジェクトだけど、僕が今いる状況より単純だと思う。ここで組み上げた地下水はすべて浄化して地下に戻す。すべての交通の流れを決して工事は乱してはいけな

図7・16《ベルリンフィルハーモニー・コンサートホール》一九六三年。ハンス・シャローン　写真／著者

図7・17《ベルリンフィルハーモニー・コンサートホール》内観　写真／著者

いんだ。面倒なパズルをここではやっている」

首都中心の工事は一括して管理され、エコロジー重視のドイツらしい考えの中で進められ、首都として確実に完成していくように思えます。東西ドイツの壁が存在していた時代から、衝撃的な壁の崩壊をじっと待っていたかのように、この地にはすでに重要な文化施設であるハンス・シャローン（一八九三〜一九七二）設計の《ベルリンフィルハーモニー・コンサートホール》、同じくシャローン設計の巨大な《ベルリン州立図書館》、ミース・ファン・デル・ローエによる《新ナショナル・ギャラリー》などが建設されていました。

敗戦国ドイツ、しかもナチスの重みを背負った戦後のドイツは、国民の精神的痛手を回復する手段として現代アートの育成を政策としてとってきました。ドイツの様々な都市に、現代アートの重要なコレクションがあるのには驚かされます。また、カッセル市のアートフェスティバル「ドクメンタ」のように世界のアートをリードする催しも、ドイツの都市は進んで実行してきました。そうした戦後の継続した努力が、新首都ベルリンにも投入されようとしています。鉄道駅を改装して実現した《ハンブルク駅現代美術館》はその代表的なプロジェクトです。都市における人間性の回復と歴史における人間性の回復という二つのテーマを担って、ベルリンとアートの関係は育成されていくように感じます。

中心地区からは離れますが、ナチスによって死に追いやられたユダヤ人のため

図7・18《ユダヤ博物館》一九九九年。ダニエル・リベスキンド　写真／著者

に建設されたダニエル・リベスキンド（一九四六〜）設計による《ユダヤ博物館》は、室内全体が歴史の悲劇に対する抽象的な鎮魂を伝える深いメッセージに満ちた注目すべき建築です。

シュツットガルトの博物館

ミュンヘンにはヨーロッパで最も充実した科学博物館、《ドイツ博物館》(Deutsches Museum) があります。近代の科学技術を生に目にするには比類のない存在かと思います。工業立国ドイツの誇りともいえる体験型展示も豊かな博物館ですが、近年、先進工業都市シュツットガルトに開館した二つの自動車の博物館は、その建築デザイン、展示コンセプトともに注目に値するものです。

一つは《メルセデスベンツ博物館》(設計：UNスタジオ)。ダブルスパイラルの斜路が中央の吹抜け空間を囲むように回遊する複雑な構造ですが、車の展示空間としては先例のない見事な建築として成立しています。展示はメルセデスベンツ社の歴史を実車の展示とともに、熟考された歴史考察の画像パネルが、車と社会の関わりを教えてくれます。第二次世界大戦の戦争協力への反省が込められている展示でもあります。

中央の吹抜け空間をエレベーターで上昇し、最上階に辿り着くと、そこには移動の原点の馬の剥製が置かれ、そこから車の歴史軸に沿った展示が始まります。

図7·19 《メルセデスベンツ博物館》二〇〇六年。UNスタジオ
写真／著者

車の歴史全体を眺望しながらゆっくりと下っていく仕組みは、まさに美術館、博物館建築史において、ポール・オトレやル・コルビュジエたちがムンダネウム構想として提案したものに通じます。この自動車の博物館建築は、車の展示に正面から対峙しながら長い間の展示空間追及の中に新たな解答を示してくれたものと評価しています。

もう一つは《メルセデスベンツ博物館》に続いて建設された《ポルシェ博物館》（設計：デルガン・マイスル）。大きなピロティによって宙に浮いた展示空間は、その内部にポルシェ車の歴史と実車を一望できる壮大な風景を生み出しています。車のデザインは実に興味深い世界ですが、この二つの博物館の建築、とりわけその展示空間は車の世界にとどまらない力をもった空間だと考えています。

シュットガルトにはブルータリズムの旗手とされたイギリス人建築家、ジェームズ・スターリング（一九二六〜一九九二）が設計した都市の装置としても明るく楽しげな《州立美術館増築棟》があります。ガラスキューブの現代美術館などもあり、科学技術、デザイン、アートを探求する者には訪れる価値の高い都市です。

ローマにおける現代の文化施設

ローマはそのどこでも足もとには二〇〇〇年余の歴史が沈澱している歴史都市で

図7・20《ポルシェ博物館》二〇〇九年。デルガン・マイスル　写真／著者

すが、近年、現代の文化施設の建設も数少ないながら実現されています。遺跡も教会も美術どれも桁違いの質の作品が集積されたこの歴史都市に、現代をもちこむことはなかなか困難なことと誰もが想像できます。レンゾ・ピアノ・ビルディング・ワークショップでは一九九四年から二〇〇二年、発掘調査による一年間の中断がありましたが、ローマに相応しい規模の音楽施設、三つのホールをもつ複合体、《パルコ・デッラ・ムジカ》を実現しています。一九六〇年のローマ・オリンピックの際に構造家、ピエール・ルイージ・ネルヴィ（一八九一〜一九七九）が設計したスタジアムに近接した敷地が活用されました。ローマの歴史的中心地からはだいぶ離れ、市民のアクセスがあまりない地区が、新たに文化の中心の一つとして生まれ変わったわけです。

さらに、国際コンペの結果、流れる形態と空間のユニークな建築デザインの現代美術館《MAXXI》（国立21世紀美術館）がイギリス、女性建築家ザハ・ハディド（一九五〇〜）設計によって二〇一〇年に実現されました。形態と空間のダイナミックな実現とともに、約三万平方メートルの大きな現代アートの場が生まれたことは、古代からの遺産に加え現代と未来へと向けた展開が約束される契機です。

《パルコ・デッラ・ムジカ》と《MAXXI》の出現は、新型トラムのアクセスも加わり、ローマという歴史都市の現代化へ重要な役割を果たしています。

図7・21 《MAXXI》二〇一〇年。ザハ・ハディド　写真／著者

日本における都市の文化施設

日本はバブル期を通し、驚くほどの数の美術館、博物館を創設してきました。それらが内容やコレクションの質等において、どれだけのレベルに到達しているかの判断は専門分野の研究者に任せたいと思いますが、新しい文化施設の動きについて着目してみるとき、私自身が強く関心をもっている近年建設された美術館は、《せんだいメディアテーク》《熊本市現代美術館》《豊田市美術館》《森美術館》、先端のアートプログラムが実現され、二〇〇四年に開館した《金沢21世紀美術館》です。伊東豊雄（一九四一〜）設計（構造設計：佐々木睦朗）による《せんだいメディアテーク》は、図書館を主体としながら市民が文化的な場、知識の場にやってきて楽しめる施設です。これだけ明るくくつろげる場が地方都市の中心にできたことは、実に望ましいことです。実際に行ってみると、市民が年齢を問わず、自分の居間のように親しんでいる姿に出会います。軽やかで透明度の高い建築がもつ質と、フレキシブルに対応し成長する運営方針、楽しげな家具のデザイン、様々な参加型の企画など、今後の公共建築のあり方に大きな方向を示してくれる施設です。

《熊本市現代美術館》は、美術館自体はホテルやショップのある都市の複合施設の中に内包されていますが、夜八時まで開館していて、無料で楽しめる大きな書斎風の図書室を設け、かつそこにはジェームス・タレル（一九四三〜）などの優れたアート作品も同居させることで、アートと美術館を市民に近づける工夫が巧みになされています。ほっとするような子供たちのスペースなどもあります。企画も突出した現代アート展、参加型の展示、興味深いセミナー、新たな視点から見た地元の作家の作品展などバラエティに富み、様々な階層の市民に向けてのメッセージが送られています。地方都市の美術館と市民の関係において注目していきたい存在です。

《金沢21世紀美術館》（設計：妹島和世、西沢立衛、構造設計：佐々木睦朗）は、開放的で明るい建築の構成と、現代を象徴する企画によって、伝統の都市に現代の輝きを挿入しました。多くの市民が訪れる親しみやすい文化の場であり、新たな芸術の展開の場となっていく可能性が、確かにそこに見出せます。重厚で権威的な姿の美術館像から解き放たれ、新たな日本の現代のアートの場が生まれたことを示した文化施設といえるでしょう。

谷口吉生（一九三七〜）の設計による《豊田市美術館》は、近代建築のホワイト・キューブの構成、軽やかで繊細、かつきっぱりとした存在感をもつとともにアート、とりわけ現代アートに対して美しく呼応します。《豊田市美術館》では谷口ならではの薄い面の表現が、ピーター・ウォーカー（一九三二〜）の水平のランドスケープと響きあう姿は見事です。また内部空間のヴォリュームと光の扱いがアート作品の背景となる光量には様々な企画展を見ても常に感動します。

同氏設計の《丸亀市猪熊弦一郎現代美術館》とともに《豊田市美術館》は、現代美術を受けとめる空間をもつ美術館建築としてきわめて重要な作品だと思います。

《森美術館》

二〇〇三年四月に東京の中心、六本木に大規模再開発の《六本木ヒルズ》がオープンし、一〇月には世界でも類のない超高層ビルの最上層に《森美術館》が開館しました。ショッピングエリア、オフィスエリア、レジデンスエリア、映画館などの娯楽の施設のある地区の上にできたこの美術館には、オープニングの展覧会「ハピネス：アートにみる幸福への鍵」展に三ヵ月間で約七三万人が訪れました。夜の一〇時（開館は朝一〇時）まで（火曜日は夕方五時まで）開いている開館時間は、《ポンピドゥー・センター》で長い間行われてきた運営方針を受け継いでいると思われますが、訪問者にとってはとても大切なことに思えます。

　初代の館長はイギリス人のデヴィッド・エリオットで、外国人が日本の大規模美術館の館長になるのははじめてのことです。

「ハピネス」展の展示空間構成は、私のオフィスである岡部憲明アーキテクチャーネットワークでデザインしましたが、古代から現代までを時間軸を外して展示する、日本の人々にはあまりおなじみではない内容構成でした。それゆえ展

図7・22　《森美術館》「ハピネス」展。二〇〇三年　写真／森美術館

示空間構成もなかなかやっかいだったというのが本音ですが、観察していると、観衆は古美術と現代の併存を楽しんでいるようでした。この美術館が、今後とも都市とアートを結ぶメッセージの中心となってくれることを願いたいと思います。少しでも多くの人々にアートを身近にしてもらいたいのが今日、美術関係に関わる者たちの望みですから。

展示の空間——文化、芸術、歴史への参加の場

パリの《ポンピドゥー・センター》での「前衛芸術の日本」展からスタートして、「IRCAM」展、「ルネ・ラリック」展、「横浜トリエンナーレ二〇〇一」、森美術館開館記念「ハピネス」展など、いくつかの展覧会の展示空間を設計してきました。いずれもすでに存在している建築の中に新たな展示空間をつくるプロジェクトです。企画展の場合は展覧会期間が済めば消えてしまう空間ですが、常設と同じように設計は複雑です。それぞれのテーマにあわせた照明、ケース、壁面、音響などを決めていかなくてはなりません。「前衛芸術の日本」展などの大規模展覧会になると、七〇〇点近い作品をどう展示するかに関わります。時間は限られ、予算も限られているケースが大半です。

コンセプトをつくる人々とともにテーマの本質を理解しながら、作品と一つひとつ対峙してデザインを進めるのはかなりのエネルギーが必要ですが、文化や歴

図7・23「横浜トリエンナーレ二〇〇一」展示空間デザイン：岡部憲明アーキテクチャーネットワーク　写真／NOAN

史を現在に表出することに関わる喜びもあります。展示空間のデザインには、極端な演出や過剰な装置はなるべく避けて、展示の内容が本質的に伝えたいメッセージを観客ができるかぎり自然に受け止められることが基本であるように私自身は考えています。展示空間のデザインの経験を積み上げることは美術館や博物館の建築空間をつくるとき、必ず参考になると思っています。

《ひめゆり平和祈念資料館》展示リニューアル

展示の空間の仕事として、二〇〇四年春に実現した沖縄の《ひめゆり平和祈念資料館》の展示リニューアルがありました。太平洋戦争では未曾有の地上戦、三ヵ月間で二〇万人の生命を失った沖縄戦の実態の一断面を、生存者の証言を含めて伝える「ひめゆり学徒」の歴史の展示空間リニューアルです。

一年ほどかけて、元ひめゆり学徒を中心とする資料館の方々とワーキングセッションを続け、次世代へとメッセージを送るための計画がねられました。資料館は開館以来一五年間一度も閉館したことがなく、子供から老人まであらゆる世代の人々が年間九〇万人訪れています。

展示の内容は基本的には変えず、「ひめゆり学徒」の辿った道筋を伝えることに徹しています。ただし証言する人が少なくなっていく今後、どう対処するかが大きな課題としてありました。映像の記録に加え、証言員に代わって証言を伝え

図7・24《ひめゆり平和祈念資料館》展示空間。二〇〇四年。岡部憲明アーキテクチャーネットワーク 写真／NOAN

る「語り部」（説明員）の育成などが計画されました。

歴史の一部に関わる重要な仕事の中で、今までのアートや文化の展示空間での経験がどう生かせるか、どこまで理解を深め展示を組み立てられるか、厳しい挑戦となりました。沖縄のつらい歴史を知るとともに、そこに生きる人々の力強さに触れることができたことは幸いでした。打合わせの合間、資料館の庭に出て、明るく澄みきった空の青を目にしたとき、岡本太郎が『沖縄文化論』で語っていた力強い命と文明の意味が感じられました。

展示空間の設計はその空間を使う人々、その空間が内包する意味により密着して考える機会となり、より深く建築を考察する可能性を導いてくれます。その意味で、建築家が積極的に関わるべき領域だと思います。

アートのフェスティバル

美術館や博物館といった常設で固定した施設におけるアートの場に対して、ビエンナーレ、トリエンナーレといった、定期的に行われる現代美術の国際的な祭典、アートフェスティバルが世界各地で催されています。ヴェネツィア・ビエンナーレは一〇〇年を超える歴史をもっていますが、サンパウロ、リヨン、ベルリン、カッセル、上海、シドニー……など、数えきれぬほどのアートフェスティバルがあります。日本は世界のこうした動きの中では、あまり活発とはいえない状況でしたが、二〇〇一年に大都市での大掛かりなアートフェスティバルとして横浜トリエンナーレが開かれました。一〇〇人を超えるアーティストによる展示が、一万平方メートルのメイン会場と赤レンガ倉庫を使った第二会場、そして街中の野外を含めたスペースを使って行われました。このメイン会場の展示空間の設計に関わりましたが、作品がわかっていてその空間をつくれるのは半数にも満たず、多くは直前に作家がきて新作を手掛け設置することを考慮しなくてはなりません。それが現代アート展のおもしろいところなのですが、観客がどれくらい入るか、現代アートがどれだけ市民に伝わるか、関係者は大いに危惧しましたが、三ヵ月で三〇万人が入る、予想を遥かに超えた結果になりました。

実際に会場で楽しそうに走り回る子供たちや、作品の前にしみじみと座りこんでいる若いカップルの後ろ姿を見ると、現代アートが人々の身近にある事実を信じていいと感じました。都市にアートの場を、こうした常設でない形でもちえたことで都市もまた生きかえるように思えました。

越後妻有アートトリエンナーレ・瀬戸内国際芸術祭

二〇〇〇年に第一回、二〇〇三年に第二回と三年ごとに継続開催をしている越後妻有《つまり》アートトリエンナーレは、米どころとして、また豪雪地帯として知られる越後妻有地方の町や村と自然の中にアート作品を置く、ユニークなアートフェスティバルですが、山道を辿ってアート作品に辿り着く間にこの地の自然を再認識することになります。アーティストもそのサポートをする若者たちや住民も訪れる観客も、自然とアートと人間のつながりを身体的に知覚することになります。アートディレクター、北川フラムの粘り強いエネルギッシュな活動が都市以外の地方における世界にも例のないアートフェスティバルの根源になっています。

フランス人の気むずかしい現代作家が第一回目にきたとき、この自然の前ですっかり作風を変化させましたが、次回以後も進んで参加していました。過疎問題、高齢化問題、そして自然が失われていく状況の中で、アートが一肌脱いでいるような気持ちで見学しました。

越後妻有アートトリエンナーレで示されたアートが地域にもたらす力は、二〇一〇年にスタートした瀬戸内国際芸術祭へと広がります。瀬戸内海の島々を舞台に、越後妻有で活躍したフランス人作家、クリスチャン・ボルタンスキー（一九四四～）の豊島《てしま》の「心臓の音」を集めた家は、超繊細な感性を呼び覚ましてくれます。内藤礼（一九六一～）の作品は、建築家、西沢立衛（一九六六～）の上方にぽっかりと穴の開いたユニークで爽やかな白いドームに包まれ、島の風景に生まれた新たな地形の内側に生命の繊細さを感じさせてくれます。

図7・25 《豊島美術館》二〇一〇年。西沢立衛 写真／著者

世界の様々な都市、日本のいくつかの都市と地域をアートとの関わりで見つめてみると、一つの未来の都市空間が必要としているものが見えてくるのではないでしょうか。〈都市、そして地域はアートに向かっている〉そんな気持ちをもってよいかと思っています。

記憶のアート――ジョルジュ・ルースの阪神、東日本

消滅する建築を一枚の写真として記憶にとどめるアート作品を世界の各地でつくり続けてきたフランス人アーティスト、ジョルジュ・ルース（一九四七〜）は、阪神淡路大震災の後の神戸を訪れ、地震で破壊され解体を目前にしていた建築の中で作品をつくりました。それまで一人で製作してきたルースが、ボランティアの協力者とともに「廃墟から光へ」のプロジェクトを実現しました。

二〇一三年に東日本大震災の被害で解体されることになった松島町のカフェ「ロワン」を、神戸のプロジェクトの協力者たちも含めたボランティアたちとともに「アートプロジェクト in 宮城」として二つの作品をつくりました。大震災から復興への困難な道筋をたどる多くの努力に重なるように、大震災の悲劇の事実の記憶をアートの形でつくり上げています。

ルースの作品は「記憶」をアートとして残すことで、悲劇を乗り越えて生きるベクトルへと向かうことを願って生まれたもので、作品とともに多くの人々が協

図7・26「アートプロジェクト in 宮城」二〇一三年。ジョルジュ・ルース　写真／著者

働、参加したことが一つの未来への勇気となったと思います。アートが建築や都市計画の先に立って、ポジティブな方向を「記憶」とともに示してくれたことに感謝したいアートプロジェクトでした。

図 8.1　《関西国際空港旅客ターミナルビル》の屋根工事風景　写真／港千尋、提供／NOAN

第8章　プロジェクトのプロセス1——《関西国際空港旅客ターミナルビル》

一つの建築が出来上がるまでには、様々な過程（プロセス）が存在し、しばしば困難もともないます。大規模で複雑な建築の中には、未知の方法を見出しながら進んでいくこともよくあります。数学者のひらめきのように一つの解答が見つかり解決するといったケースは、建築のプロジェクトの始まりのコンセプトの段階にかすかに存在するだけで、そこから実現に至るまでには方法を一つひとつ見出し実体化するための努力が続きます。

この努力は一人の人間のものではなく、建築に携わる多くの人々の協働を意味します。《関西国際空港旅客ターミナルビル》においては一九八八年、国際指名設計競技が始まってから、一九九四年九月の開港まで六年を越える継続した構築へのプロセスがありました。

コンペティション

海上空港、関西国際空港の計画は一九八四年、フランス革命二〇〇年記念の一九八九年パリ万国博覧会（中止）の計画をしていたとき、偶然その存在を知り

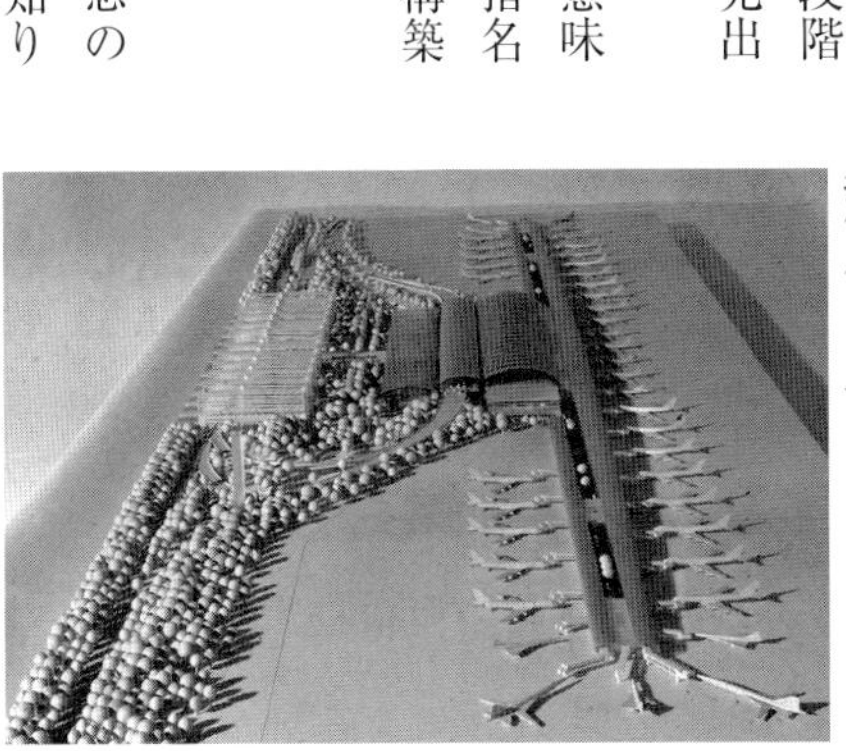

図8・2　《関西国際空港旅客ターミナルビル》のコンペ提出模型。レンゾ・ピアノ・ビルディング・ワークショップ・パリ　写真／Michel Denance、提供／RPBWJ

ました。万博計画でセーヌ川に浮かぶ大通りを計画していて、世界中から大型の浮体構造の例を探していたとき、日本の友人から関西国際空港の浮体構造案のレポートを入手しました。大胆な海上空港の計画は強烈に記憶に残っていましたから、八八年にこの空港の旅客ターミナルビルが国際指名設計競技になると聞いたときは、すぐさま応募し、幸い一五社の内の一つに私たちのチーム、レンゾ・ピアノ・ビルディング・ワークショップ・パリが選ばれました。はじめて一人で敷地を見学に日本に飛んだのは一九八八年六月、空港島はまだ海上に姿を見せてはおらず、埋め立ての土砂が周りに影響をおよぼすのを防ぐ、水中スクリーンを支持するための浮き袋が、島の領域の周囲に枠をつくっているだけでした。敷地は建築に強い影響を与えます。このときは敷地が物理的に存在していない場所への稀有な訪問となりましたが、そのスケールと風景をつかみとるには十分で、計画自体の雄大さを身体で感じとることができました。すでにいくつかの建築の形態とスケールに対する考えが頭の中にはありましたから、それが大きく外れていないことが確かめられたことで、一歩前に進める自覚をもってパリに戻りました。

コンペの始まりは、ごく少数のチームで与えられた条件を徹底的に分析することから始まります。空港のターミナルビルという巨大で複雑なメカニズムを分析するには、集中した時間とエネルギーが必要です。六ヵ月間のコンペの期間中、

図8・3　海上の建設予定地
写真／Sky Front

三ヵ月近くコンペ資料の条件（プログラム）分析にかけていました。プログラムに従うことも、またプログラムをひっくり返して新たな提案を行うこともコンペでは可能な選択ですが、建築家ポール・アンドリューが指揮するパリ空港公団を中心にしてつくられたプログラムには、大深度の埋め立てによってできる貴重な五一〇ヘクタールの空港島という、コンパクトな空港の敷地を十分に生かせる卓越した空間機能構成が提案されていました。このことがしっかり把握できたためにプログラムをより強化し、実体化する方針を決め具体的なデザイン作業に入りました。

《ポンピドゥー・センター》のすぐわきにある建物の一層分をセンターの好意で借りうけることができ、そこにコンペの全期間を若いスタッフ一〇名余と籠城状態で過ごしました。最後は睡眠時間を最大限けずって、総長三〇メートル近くにもなる図面に取り組み、同時にロンドンのＡＲＵＰのエンジニアたちとＦＡＸ、電話のやりとりをしながら、新たな技術的方法の提案をプロジェクトに反映していきました。木箱に入れて大阪に運んだ模型や図面は総重量一五〇キログラムにもなっていました。

コンセプト

大規模で複雑な建築になればなるほど、建築の形態と空間を決定する基本的なア

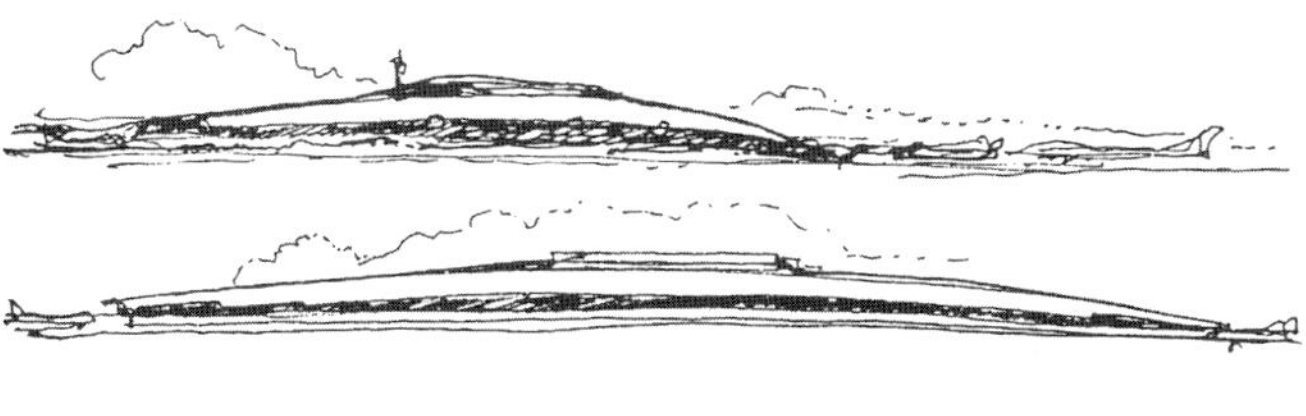

図８・４《関西国際空港旅客ターミナルビル》のスケッチ　図版／著者

イデアとコンセプトを明確に決めることが重要です。単にコンペに勝つため以上に、その後のプロジェクトを確かに実現に導くために。

空港の設計ははじめてでしたが空港を利用するのは日常的であったので、まず旅客の立場から何が大切かを考える中から「空間の方向性と透明性」がテーマとして浮かび上がりました。ターミナルビルのどこにいても自分のいる場がわかり、サインや誘導に頼らなくてもいくべき方向がわかる空間構成のデザインを追求することが、最も重要なコンセプトとして決定されました。このターミナルは、開港時三三スポット（現在四一スポット）の大型旅客機の駐機スペースをもつ長大な建築です。この巨大なスケールにどのような空間と形態を与えるのが相応しいかと考えたとき、まず建築を分割せず一つのフォルム（形）としてまとめてみようと考えました。これは大きな冒険です。今までに設計したことも体験したこともないスケールの形態と空間に挑戦することを意味していました。ターミナルが大型の航空機の母体となる建築であることと空港島という立地条件がこの挑戦を許し、また促しているように思えました。同時にこのプロジェクト以前から追求していた形態操作と施工方法についての幾何学的アプローチ――ジオメトリーの方法――が今回十分に適応できると考えたことが、巨大な一つの形態をつくりあげる決定因となりました。

「ジオメトリーの方法」と同時に、この建築の形態と空間を決定するコンセプ

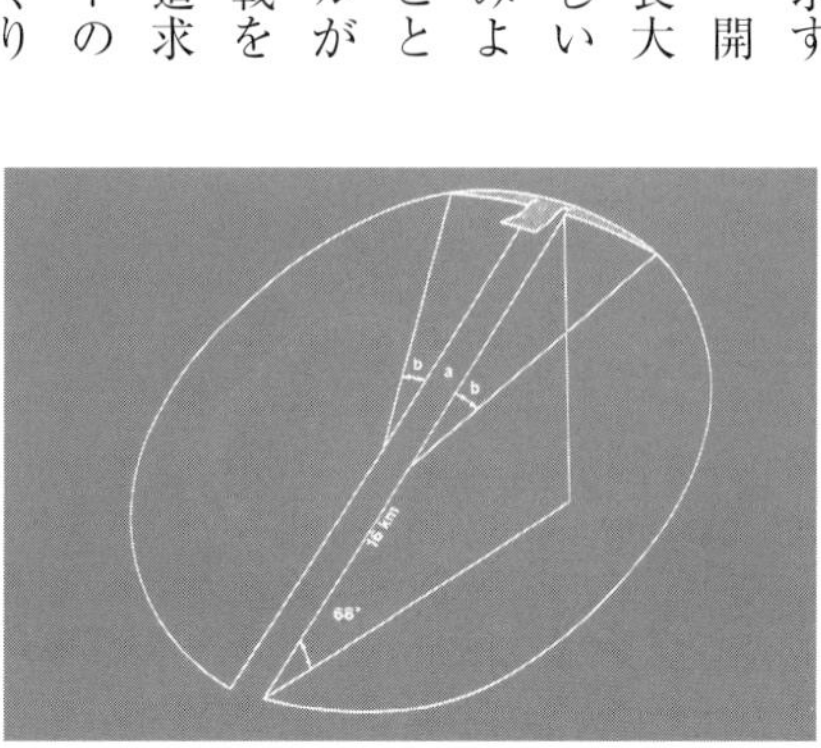

図8・5《関西国際空港旅客ターミナルビル》のジオメトリー①：屋根パネル、ガラス、構造材を位置づけるジオメトリーの原則。両翼は一六・四キロ離れ、六八・四度傾けた点を中心に回転させた断面で定義づけられる
図版／RPBWJ、提供／NOAN

トは「環境制御の技術」です。ターミナルビルの中央部の大屋根形を決定しているのは、大空間の空調システムへの新たな提案です。空調に大空間全体をコントロールするゆるやかなマクロ空調と、人がいる低い部分「居住域」を適切に制御するミクロ空調を組み合わせることで、省エネルギーかつ快適性を獲得できることがＡＲＵＰのトム・バーカーらとの過去の経験からわかっていましたので、今回もその方法を適用することにしました。ランドサイド側（道路・鉄道側）からエアサイド側（航空機がいる側）に向かって天井面にゆるやかな空気を流すというトム・バーカーからの提案が、このターミナルビル中央の航空機の翼のような断面を決定しました。ジオメトリーと環境制御の方法、この二つの「方法のコンセプト」がすべての設計過程、施工過程を通して貫かれたことで、この建築はまとまった形態と空間をもつバランスのある大規模建築として成立したと思っています。

基本設計、実施設計

旅客ターミナルビルの実現に向けた設計体制は、コンペの規定に従って、レンゾ・ピアノ・ビルディング・ワークショップ・ジャパンを代表者として、パリ空港公団、日建設計、日本空港コンサルタンツの四社のコンソーシアム（共同体）で構成されました。それぞれ全く異なった組織形態をしていたため、それぞれの役

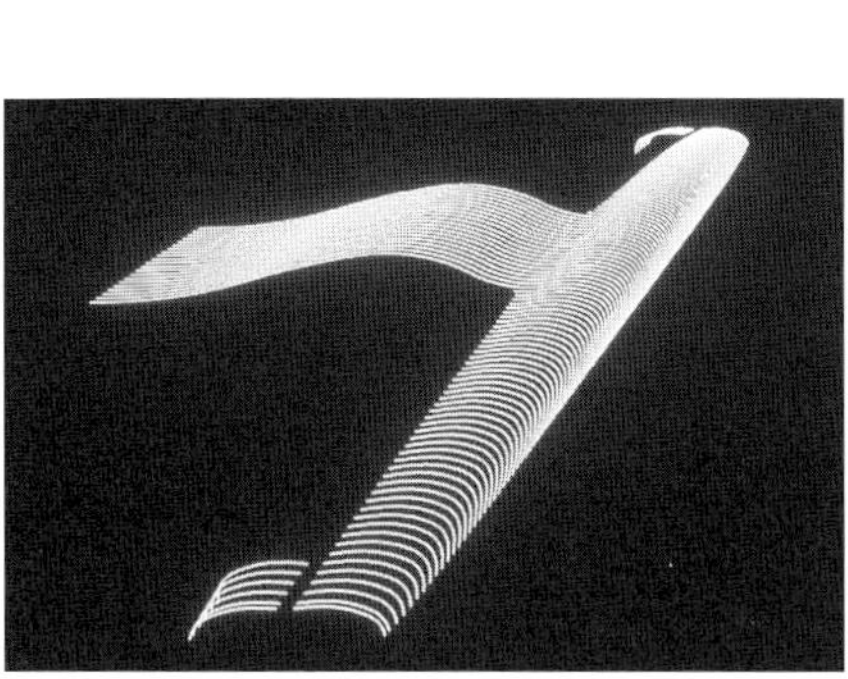

図８・６　《関西国際空港旅客ターミナルビル》のジオメトリー②：ジオメトリー原則によって位置づけられた主要構造材（ＣＧモデル）
写真／ＲＰＢＷＪ、提供／ＮＯＡＮ

割分担、責任分担を明確にした上でワーキングセッションや調整会議を通して、全体の設計を進めることになりました。この組織づくりには三ヵ月近くかかり、関西国際空港株式会社との契約交渉とあわせて、この時期は私自身も建築家の仕事より調整役的な仕事にほとんどの時間を費やし、大規模プロジェクトの宿命とは思いながら、気になっていたコンペ案で未解決な部分を頭のすみに抱えながら忍耐が必要な時期を過ごしました。役割分担は、私たちのグループが代表者としてプロジェクト全体のデザインをまとめることと、コンペで提案した、大空間の形態と大空間全体のデザインと技術開発をARUPとともにうけもち、日建設計が全体の技術的コーディネーションと大空間以外のスペースの設計、それに最大の難題の一つであった不同沈下対応の技術開発を担当し、パリ空港公団と日本空港コンサルタンツが空港機能に関わる部分に携わることになりました。

二年間の基本設計、実施設計に関わった全スタッフは、どの時期においても二〇〇名は超えていたでしょう。この間に設計チーム全体のワーキングセッションに加え、クライアントに対してプロジェクトの進展を説明するプレゼンテーションが図面、模型などを使い、一ヵ月に一度開かれ、理解と承認をえながら進める形をとりました。

関西国際空港プロジェクトの設計は日本のバブル経済の只中で進められていた

ので、コスト管理は著しく困難で、基本設計の間の変更も大掛かりなものがありました。しかし、基本の機能コンセプト、コンペ案のデザインコンセプトを失うことなく、実施設計まで完了することができたのは、ギクシャクしながらもワーキングセッションとプレゼンテーションによって、関係者間の透明性を維持しながらプロセスが進行したからだったと思います。

デザインコンセプトの展開

すべての要素を支配するジオメトリー

コンペで提案したジオメトリーのコンセプトは、建築の形態と空間を決定し、同時に構成する部材を正確に位置づけるための論理です。

全長が一七〇〇メートルある長大な空間は、一六・四キロメートル離れ、六八・四度傾斜したところにある中心点から一つの断面形を回転するトロイダル運動で左右の翼部分を形づくり、断面形の水平移動で中央部分を覆った形として形成されます。この幾何学的方法により、構造部材のみならず建築の外部を覆う、外装のステンレス・パネルや窓ガラス、内装の天井パネルなどがすべて正確に位置づけられます。ターミナルビルの巨大さが与えてくれたスケールメリットは、建築全体の形が有機的でなめらかな曲面をしているにもかかわらず、ほとんどの外装パネルやガラスパネルを同一サイズの長方形でつくりあげることができると

図8・7　大屋根の建設
写真／G.B.Gardin、提供／NOAN

いうジオメトリーの方法を使える点にあります。

　多くの建築では柱、梁、壁など構造要素を位置づけてから外装材、ガラス、内装材を割りつけていくものですが、それとは全く反対に、最も数の多い仕上げの要素——外装パネルやガラスパネル、内装天井パネルなどをまず位置づけ、その論理に従って構造部材を位置づけています。構造部材自体もこの方法により、多くの部材を一定の形状にすることができました。

　屋根の外装には、耐候性の高いステンレス・パネルが八万二六〇〇枚使われています。表面にきつい反射をなくし、光を拡散するように梨子地《なし》状の仕上げが施され、航空障害、管制障害を防いでいます。このパネルの下には、防水と断熱のサンドウィッチ鋼板が置かれています。ステンレスのパネルはこの鋼板を保護するとともに、つねに汚れのつかない、細やかな表現を建築に与えています。日本の伝統文化の瓦屋根や柿葺《こけらぶ》きの屋根が自然の光に反応するように、このステンレスのパネルも空の変化に呼応します。朝日を受けて金色に輝き、青い空のもとでは青く光ります。

環境制御システム——オープン・エアダクトの実現へ

もう一つのテーマであった環境制御システム、マクロ空調とミクロ空調の方法は、ターミナル四階の国際線出発階において、オープン・エアダクトと名づけられた

図8・8　南禅寺の山門。日本の伝統建築の瓦屋根が繊細な輝きを放つ
写真／著者

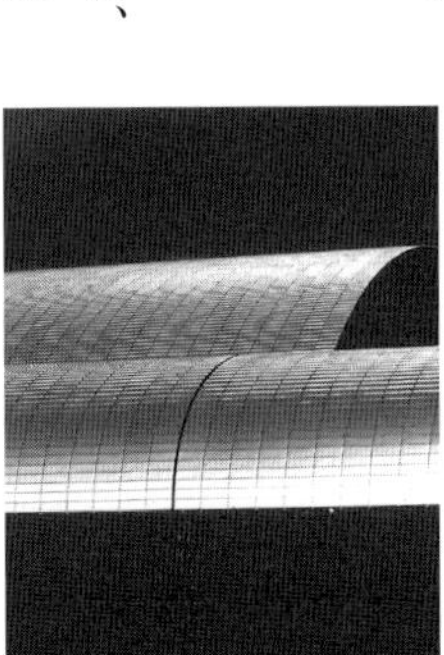

図8・9　《関西国際空港旅客ターミナルビル》の屋根部分。八万枚ものステンレス・パネルがなめらかなフォルムと細やかな輝きをつくりだす
写真／畑祥雄、提供／NOAN

膜による吊天井によって実現されています。

ゆるやかに大空間上部に空気を流し、大空間全体の空気を調整するために、空気の流れをガイドする目的で、テフロン樹脂でコーティングして形成した摩擦のない表面をもつガラス繊維膜の吊天井、オープン・エアダクトが開発されました。オープン・エアダクトには、もう一つの役割があります。チェックインカウンター上部に置かれた大型の照明器具からの光を反射し、やわらかく大空間を照らしだす間接照明としての役割です。

このターミナルビルの天井には空調機器も照明器具もないため、器具のメンテナンスは低い部分で容易に行われ、また、吊りものは軽いテフロン膜のみであることから、地震時にもいっさい落下物がなく安全であることが阪神淡路大震災の折に証明されました（実際、開港四ヵ月後に起きた地震の震源地は、空港から約三〇キロメートル、ターミナルビルの天井の地震計は五〇〇ガルを記録したと聞きました）。

モデルとシミュレーション

基本設計、実施設計のプロセスでは、建築家とエンジニアのコラボレーションがきわめて重要です。《ポンピドゥー・センター》以来の協力者、ARUPのピーター・ライス（残念ながら、完成をまたず一九九二年に亡くなりました）、トム・

図8・10　オープン・エアダクトとジェットノズル
写真／G.B.Gardin、提供／NOAN

バーカーを中心に複雑な大屋根の構造計画、大空間空調システムのコンピューター解析などがおしすすめられ、技術的展開と細部に至る形態を決めていくデザイン作業とが並行して行われました。ここで重要な役割を果たしたのがモデル（模型）とコンピューター・シミュレーションによる可視化、そして大規模な実験です。モデルは空港島全体を含む二〇〇〇分の一、ターミナル全体の構造を見る五〇〇分の一、中心部分の検討や翼ラウンジ部分を見る二〇〇分の一、一〇〇分の一、五〇分の一、外装パネルやガラス壁の詳細を設計する一〇分の一、五分の一、原寸など様々なスケール模型がレンゾ・ピアノ・ビルディング・ワークショップ（ＲＰＢＷ）の大阪とジェノバのオフィスで膨大につくられました。それ以外にジオメトリーを示すコンセプトモデル――実に簡単な紙の模型です――がプロジェクトのすべてを支配したモデルです。そして最後につくったのがラウンジチェア、椅子の模型とモックアップ（実寸模型）です。

建築は三次元の世界を把握しなくては成立しません。三次元の空間を検証するには、模型はＣＧ（コンピューター・グラフィックス）とは異なった重要性をもちます。とりわけ、人間の知覚に対して答える建築空間を目指すときに重要です。《関西国際空港旅客ターミナルビル》では、巨大な空間にかかわらず人間の身体性、知覚にやさしい空間をつくり出すことを目指していたゆえに、モデルによる検証はディテールのみならず、空間のスケールの把握において欠くことのできな

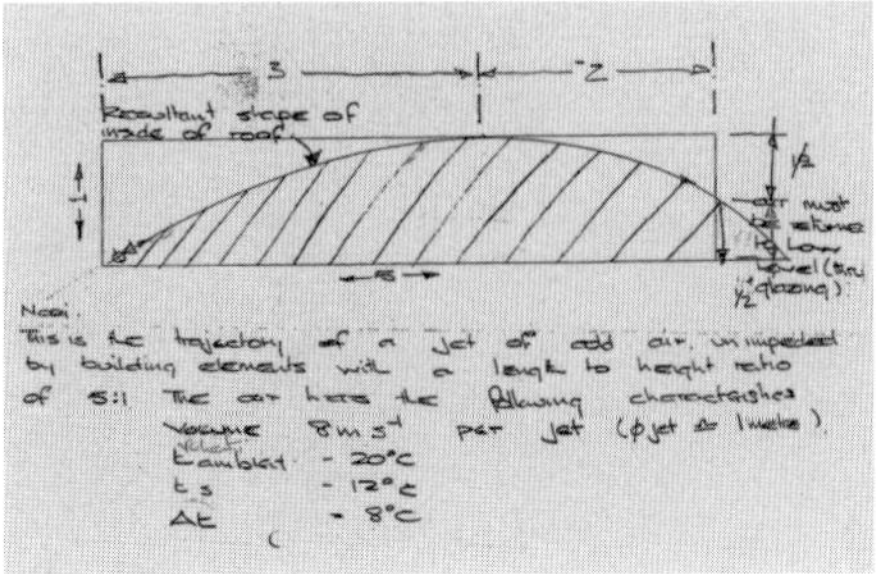

図8・11　メインターミナルビルの断面形状と空気の流れを検証するトム・バーカーによるスケッチ　提供／ＮＯＡＮ

い道具でした。

　オープン・エアダクトによる空調の検証は、コンピューター解析と合わせて一〇分の一のモデル（長さ一五メートルある模型）を使った実験によってなされ、火災時の煙の動向についての分析にもこのモデルは使われました。

建設へ

バブル期の入札であったために、コストを調整するには大変な困難がともないました。コストダウンのための変更がいくつもありましたが、基本的なコンセプトは失わない形で契約が成立したのは幸いでした。日本の施工会社一八社にアメリカ二社が加わる巨大な施工体制で、鉄鋼メーカーやガラス壁の製作メーカーなどに多くの海外企業が参入、設計コンペから建設に至るまで実質的に日本ではじめての市場開放プロジェクトとなりました。現場は三六ヵ月、人も資材もすべて海上輸送による特殊条件の中、ほとんど事故もなく安全も確保されました。そして三二ヵ月を経た頃にはほぼ完成した姿が現れ、ヨーロッパで工事の遅れに悩まされた経験が多かっただけに、工期の尊重とオーガニゼーションのよさにとても感動しました。

図8・12　メインターミナルビル四階のオープン・エアダクト
写真／細川和昭、提供／NOAN

図8・13　《関西国際空港旅客ターミナルビル》建設風景　写真／Michel Denance、提供／NOAN

図8・14　ウイング部分のリブを取り付ける　写真／G.B.Gardin、提供／NOAN

家具、色彩、植栽

現場に入ってからも、特殊なデザイン部分については製作メーカーとの詳細にわたる技術的、デザイン的検討が続きますが、それ以外に現場が進む過程で、建築家として行ったことに色彩の決定、家具のデザイン、植栽の選択などがありました。

家具は主として、約九〇〇〇席あるラウンジチェアです。設計当初はチャールズ・イームズのデザインによるラウンジチェアなどを頭においていましたが、設計と現場が進み、このターミナルの建築の空間を確実に把握し始めた頃、コスト削減もかねて、この空間に合ったラウンジチェアを自らデザインさせてもらえるように関西国際空港株式会社にお願いしました。OKは出たのですが、コスト削減は最大のテーマとなりました。しかし、コスト削減とデザインは決して相反するわけではありません。ラウンジチェアは一二席を四本の脚で支えることなどで部材の削減、メンテナンスのしやすさをねらいました。国際入札でアメリカやイタリアのメーカーも参加する中、日本の家具メーカーが落札しました。このラウンジチェアは、ニューヨークの近代美術館のコレクションに入っています。

色彩の決定はなかなかやっかいなものです。特に大空間の中で色彩を決めるには勇気がいります。基本に白に近いグレーから一三段階のグレーを選び、構造材、

図8・15《関西国際空港旅客ターミナルビル》のラウンジチェア。レンゾ・ピアノ、岡部憲明提供／岡村製作所

天井や壁の多くはこれらのグレーの振り分けで指定しましたが、鉄道駅側の大空間（キャニオン）の壁には日本の伝統色が使われています。ラウンジチェアなど床に近く点在する要素には、あざやかな色がフランス伝統色から選ばれました。キャニオンには日本の樹木を中心に植栽が施されましたが、トップライトからの採光がなかなか十分にとれず、はじめの数年は木にも、それをメンテナンスする人々にも大変な時期が続いたようです。つい最近訪ねた折に、樹木が遥かに元気になっていて安心しました。巨大なキャニオンの空間は、自然光、樹木、伝統の色彩に包まれたほっとするような「移動の大空間」となっています。

二〇一四年、関西国際空港は開港二〇年を迎えました。幾度かの台風、阪神淡路大震災などの自然災害を経て、また航空事情の変化する中、日常のメンテナンスにも支えられ、建築空間としての質は保持され、ターミナル機能も確実に動いていると思います。空港ターミナルビルは機材や航空事情の変化により様々な変化を迫られるのが常ですが、この建築にはかなりのフレキシビリティがあります。適切な調整の中でこれからも多くの旅客に利用され続けることを願っています。

図8・16　メインターミナルビル外観
写真／畑祥雄、提供／NOAN

図8・17　《関西国際空港旅客ターミナルビル》のキャニオン
写真／細川和昭、提供／NOAN

図 9.1　《小田急ロマンスカー 50000 形VSE》が走る風景　提供／小田急電鉄

第9章　プロジェクトのプロセス2——鉄道車輛のデザイン・家具と照明のデザイン

《小田急ロマンスカー50000形VSE》のデザイン

小田急電鉄から新型ロマンスカーのデザインに参加の意向を打診されたのは二〇〇二年のことでした。過去に自動車の設計、客船のデザインなどに関わり、《関西国際空港旅客ターミナルビル》などのデザイン経歴を踏まえての依頼のお話でした。鉄道車輛デザインへの興味はとても強くありましたが、全くはじめての経験となるので、しばらく時間をいただき提案をさせていただいた上でお引受けできればと考え、白紙の状態から車輛デザインへの提案を始めました。

小田急電鉄から新宿—箱根湯本間を運行する新型観光特急車輛のデザインの話を受けた折に示された基本条件は以下の三点でした。

(1) 先頭に乗客が乗車する展望車輛を復活する。
(2) 台車を車輛間の接合部に置く連接台車を採用する。
(3) 観光地箱根への旅に相応しい「ときめき」感を乗客の誰もが感じる車輛とする。

(1)(2)の条件は小田急ロマンスカーの伝統である技術とデザインを見直し、新た

図9・2　《小田急ロマンスカー50000形VSE》のコンセプト・スケッチ　図版／著者

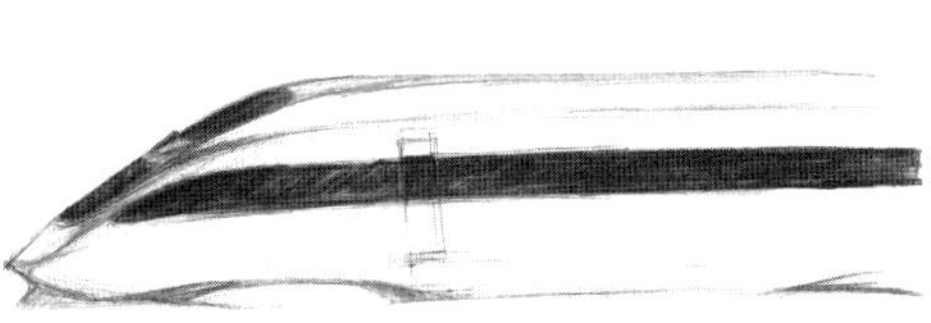

なデザインを追及することを意味しているのは明らかでしたが、(3)の条件をデザインにおいてどう咀嚼していくかは大きな課題となりました。

鉄道事業もその一角をなす鉄道車輌も、きわめて高い公共性において成立しています。誰もが利用する施設であり乗り物である点、多くの公共建築以上の安全性、堅牢性、わかりやすさを必要とする上に、誰にとっても心地よい居住性を求められていました。

建築設計における公共性、居住性の経験、ヨーロッパでのカーデザイン、客船のデザインの経験など、私自身の過去のデザインプロセスを振り返る中から方法を検証する思考作業を繰り返すこと、そして鉄道車輌のもつ特殊条件を学習する作業が短期間に進められました。

デザインコンセプト設定への方針

二ヵ月ほどの準備期間を経た後、いわば白紙状態からスタートした中で導いたデザインへの方針は、以下の七点に要約されました。

(1)トータルデザインを実行する。

①外観においても内部空間においても車輌一編成を一つのまとまり、一つのヴォリュームとしてデザインする。

②技術の要素をデザインに統合的に組み込む。

図9・3《小田急ロマンスカー50000形VSE》二〇〇五年。岡部憲明アーキテクチャーネットワーク　写真／NOAN

③サイン、制服に至るまですべての要素をデザインする。
(2)パラレルデザインの開発／多様な要素を同時進行でデザインの対象とする。
(3)豊かな内部空間のヴォリュームを獲得することを目標とする。空調システム等を検討し、車輌限界のゆるす最大の天井高さを確保する（目標二五五〇ミリ）
(4)窓をできるだけ大きく水平に四メートルにまで広げ、沿線の街や山々の風景を乗客すべてが堪能できるように構体を設計する。
(5)展望席の前面ガラスは大型一枚ガラスとし、展望をよりダイナミックにする。
(6)座席を、回転方法やリクライニングシステムを含め、根本から見直してデザインする。
(7)編成（コンフィギュレーション）を再考する。

これらの方針に基づいて、まず検討対象としたのは全体車輌の構成でした。小田急側からは一一車体の編成が示されていましたが、全体を一つのまとまりとして機能的かつデザイン的にまとめることを追求するために、一〇車体にすることとし、トイレやカフェ、セミコンパートメント、身障者席、喫煙ブースなど特殊な機能を三号車、八号車の車体に集約する配置（コンフィギュレーション）計画を提案しました。

こうした変更により編成は前後シンメトリーとなり、トータルなデザインが可能になると同時に、どこの座席からもトイレやカフェなどに短距離で到達できる結果となりました。

車輛編成を変えるというラディカルな提案を小田急側は積極的に検討してくれました。幸運なことに構体の構造にはアルミの押し出しパネルによるダブルスキン構体の採用が決まっていたため、重量の軽減が可能であり、一一車体から一〇車体の変更によって一車体の長さが増した分を素材の軽量化によってカバーできることも判明し、一〇車体の採用が決定しました。このスペックの変更はプロジェクトの革新性を約束する原点となりました。その後の設計でパンタグラフや無線機器なども三号車、八号車へ集約され、全体の編成の外観をまとまりのある一つの「線のオブジェ」へと導くとともに、一般客室の居住性を高めるために効果を発揮することになりました。

一般車輛の空間デザイン――空間のヴォリュームを最大限に確保する

住空間設計の重要な要素に天井高さがあります。連続する低い天井は居住性を損なう原因となります。鉄道車輛には車輛の外周を限定する車輛限界ルールが厳しく適応されているため、この制限の中で内部のヴォリュームを広げるには思い切った工夫が必要となります。

図9・4　一般車内観
提供／小田急電鉄

アルミのダブルスキン構体は壁面には骨がなく、パネル厚＋断熱材＋仕上げ材のみとなるため、狭軌鉄道にもかかわらず内部空間の幅は二六八〇ミリとれています。さらに幅の広さに加え、天井高さを上げるための工夫は空調システムを再考することで可能になると考えました。

空調機をセパレート型とし、車体の出入口部分の天井内に室内機、床下に室外機を置くことで客室内には天井面に二系統四本のフラットなダクトを配することとしました。荷棚上からヴォールト形状の天井に沿ってエアを吹き出し、客室妻側にリターンする計画にして、空調システムの工夫と先に述べたようにパンタグラフを三号車、八号車に配することで一般車輌において中心部で天井高さ二五五〇ミリの実現が可能になりました。

ダブルスキン（フォロー）構体の採用は、骨組のない四メートルの連続窓をもたらす可能性を与えてくれました。いくつもの模型で検討をし、一般客室の空間設計を進めるうちに、水平に伸びた窓が可能ではないかと考え始めました。ロマンスカーの車窓は新宿の超高層ビル群を背景にし、広がる郊外都市をすり抜けると、丹沢山系ののびやかな風景のパノラマの中を進み、そのうち富士山を捉えます。水平に伸びるパノラマ窓は居住性に加え豊かな眺望性をもたらしてくれます。実施の設計が進む中で製作にあたった日本車輌は、構体の一部を四〇ミリの無垢の高強度アルミを採用することなどで四メートルの窓を可能にしてくれました。

複層ガラスパネルを連ねた四メートルの窓に設ける遮光スクリーンのガイドにはケーブルを用い、各席ごとに操作可能としつつパノラマを確保するディテールの工夫を行いました。

天井面に沿ってゆっくりとした空気を流す人間の感覚にやさしい空調方式の採用と同様に、照明においても照明器具を見せない間接照明を提案しました。明るい白のヴォールト天井には電球色（二八五〇ケルビン）の蛍光灯による暖かい光が拡散します。

読書灯として荷棚の下面に二列のＬＥＤのラインを配しました。ＬＥＤの光源が眼に入らないレンズの設計が行われるとともに、ＬＥＤには新開発の電球色の色温度が採用されました。客室内には夜間は暖かな色調の光があふれ、車外においてはその光の帯が風景の中を走ることとなります。

荷棚周りのディテールはモックアップをつくり、細かなチェックを進めながら煮詰められました。荷棚はアルミの押し出し加工によってつくられ、この部分に間接光天井照明器具、空調吹き出し、ＬＥＤ照明、遮光スクリーンロールの収納が組み込まれた上、窓枠を見せない開放感あるディテールを工夫しました。

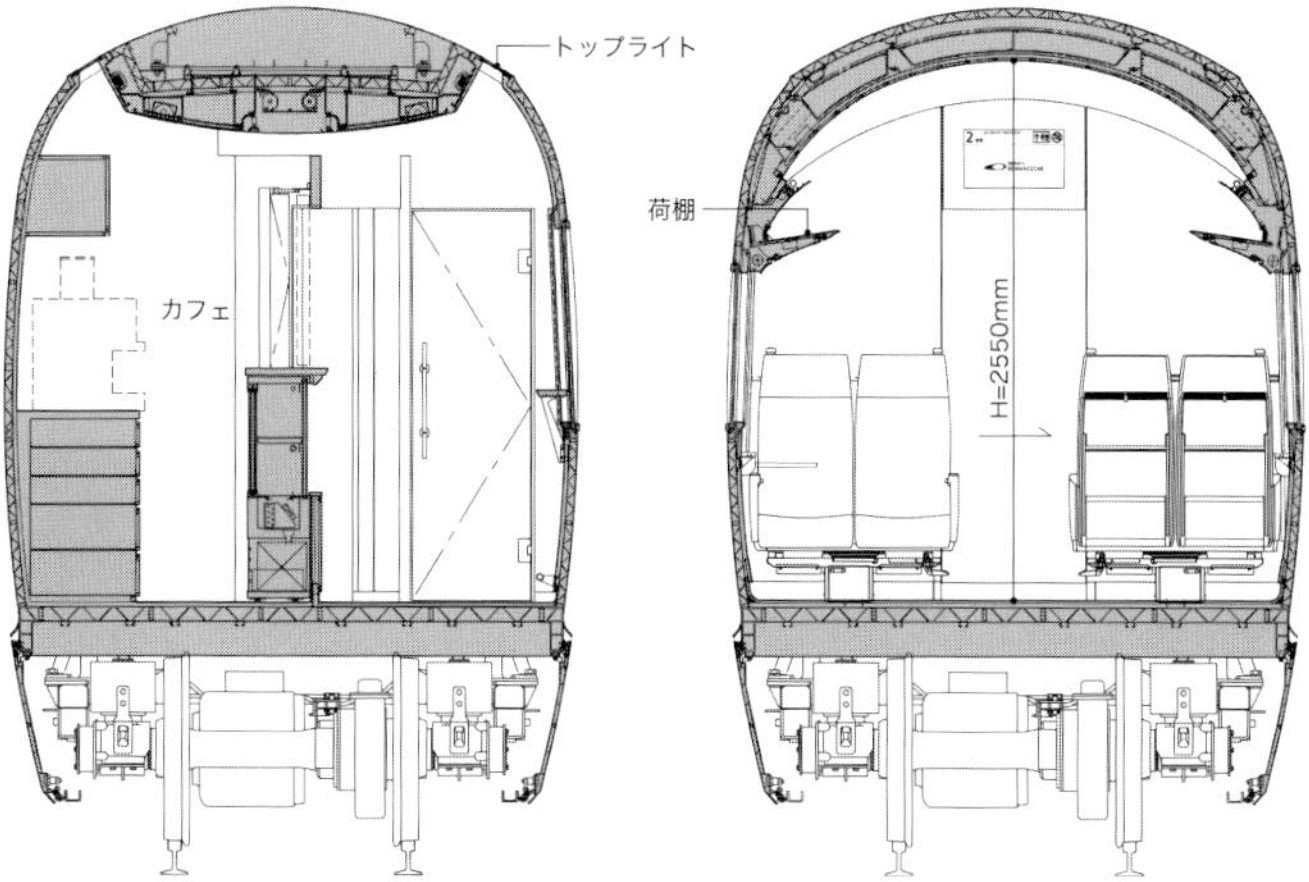

図9・5　一般車(右)、三、八号車(左)の断面図
図版／NOAN

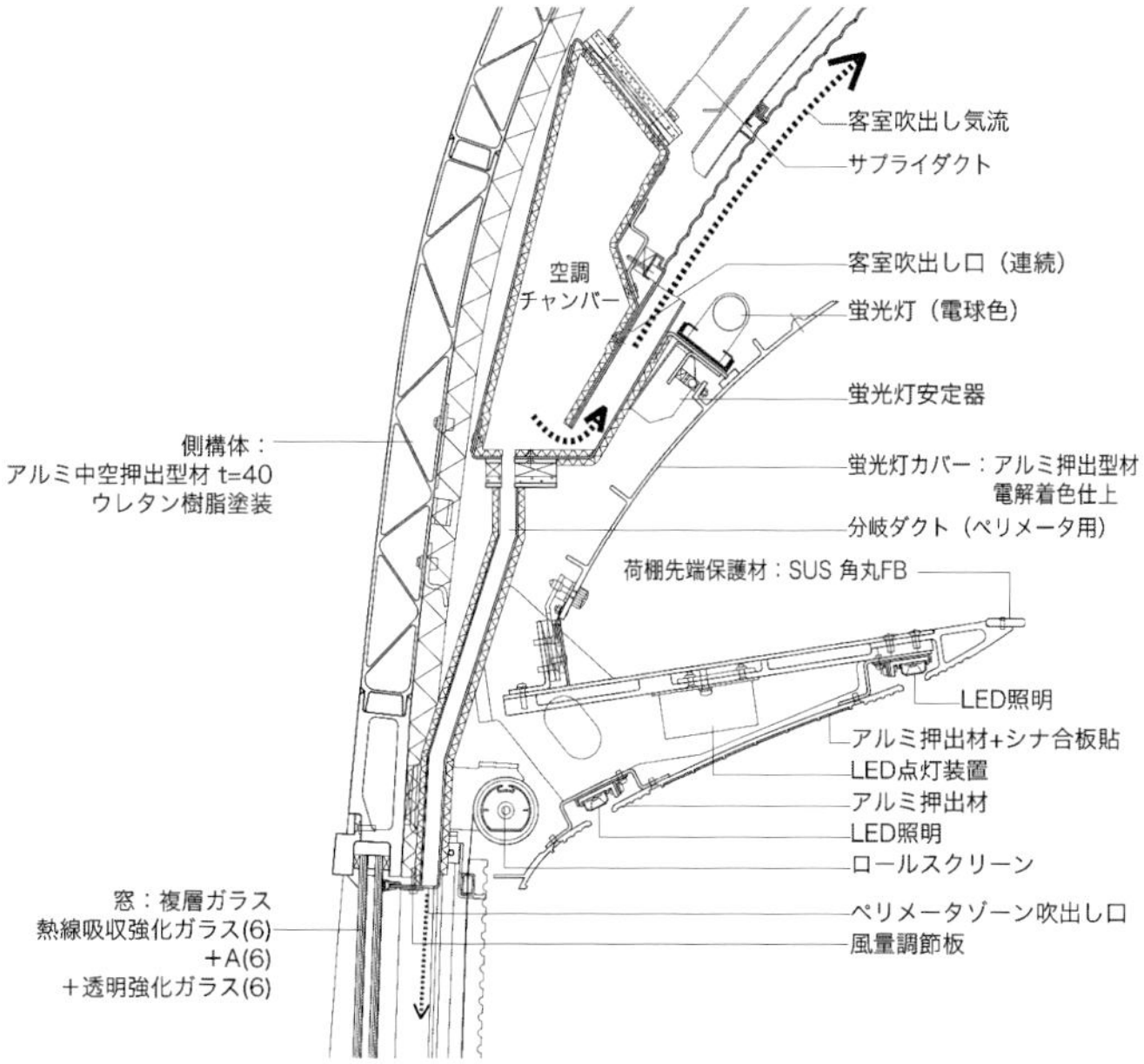

図9・6　荷棚部断面詳細図
図版／NOAN

リラックスするためのデザイン

設計当初から座席のデザインに特に力を注ぎました。日本の特急車独特ともいえる自動回転機構を組み込むハイスペックな技術が前提となっていました。回転機構を含むサポート部分を二席一脚とすることで足元をフリースペースとし、軽やかに座席を浮かせる方法を徹底させ、座席（背）の厚みをおさえることで座席間のスペースを増すことを考えました。リクライニング機構には、近年オフィス家具に用いられるようになった背のリクライニングと同時に座を沈めるアンクルチルト方式が採用され、座り心地の向上が図られました。座席下の冬季用暖房ヒーターの小型化が実現され、サポート機構の中に組み込まれることで座席の足周りをさらにすっきりさせることが試みられました。さらに、一般車では座席の定位置を窓に向かって五度傾け、座ったときに自然に車窓のパノラマに目が向く細かな工夫をしています。また、向かい合わせに席を回転するとハの字形になりグループの親密感を増す配置となります。

パノラマ窓からの外光、やわらかな電球色の間接照明と電球色のＬＥＤ、これらの豊かな光を生かす工夫は客室の仕上げの選択によって空間化されます。快適で落ち着いた明るさのリビング空間を生み出すために木質系の表現が妻壁、窓台、窓脇テーブル、客席の背テーブル等に用いました。座席には小田急カラーのバーミリオンをベースに水平の繊細なラインを加え、深みのある表現が生み

図9・7　一般座席ＣＧ
提供／岡村製作所

図9・8　先頭展望室内観
提供／小田急電鉄

図9・9　展望席が90度回転し、ラウンジ形式となる　提供／小田急電鉄

図9・11　先頭展望室外観
提供／小田急電鉄

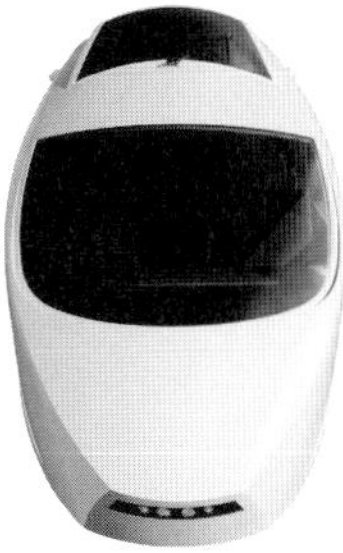

図9・10　正面外観
提供／小田急電鉄

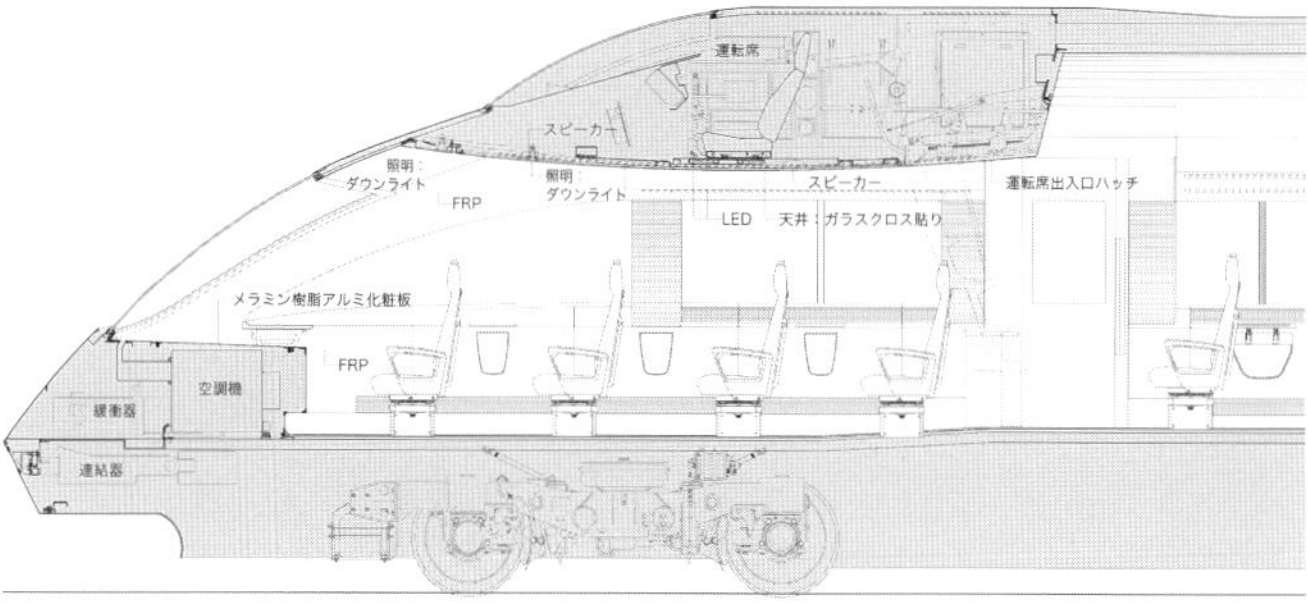

図9・12　先頭展望室断面図
図版／NOAN

出され、車窓の外部からも暖かな輝きがはっきり感じられます。空間的奥行き感を出すために妻壁は非対称として片側は木質系シート、片側は白のシートを貼る工夫をしました。扉上部には二二インチの液晶パネルが設置されていますが、必要最小限の情報を映し出すことで視覚のノイズを減らす配慮もされています。さらに視覚的静けさを尊重して、広告は客室内につけない提案も採用されました。

各車輌の内部デザイン

先頭から三輌目にあたる三号車、八号車にはトイレ、カフェ、セミコンパートメント、身障者席、喫煙ブースなどがまとめて置かれています。ここでは空調機を屋根面に乗せる従来の方法がとられていますが、短断面両端部を高くし、ここにトップライトを取り付けることで天上高をゆったりと見せる方法が用いられました。トイレ内部にも自然光が降り注ぐ明るい環境が生み出されています。三号車、八号車にはセミコンパートメントを設け、グループで鉄道の旅をする楽しさも味わえる空間を設定しました。バリアフリーへの配慮は身障者席、ゆったりトイレなどに加え、八号車には車椅子での乗り込みを容易にする電動の自動スロープが組み込まれました。内装仕上げは壁をユーカリ練付け、床をブナ＋カバの複合フローリングで木質系とし、天井には白色のガラスクロスを用い、トイレ内部の床には石貼りを採用し、明るく落着きのある空間を生み出しました。

先頭車両前部には四列、一六席の展望席が設けられ、大曲面フロントガラス（二・三メートル×二メートル）からダイナミックな眺望を望むことができます。展望席上部には運転室があり、車輌限界の断面形に従って最大限の車高を生かすために運転室は車体中心に設けられ、二名が乗車する場合には前後に座る形をとっています。展望席部分の床は台車の車輪径を一〇〇ミリ小さくすることで一般部より六〇ミリ下げ、運転席を上部にもちながら天井高さを最も低い部分で一八一〇ミリ確保しました。さらに、運転室内のヘッド・クリアランスをより大きくとるために、運転士の帽子をデザインしなおし、三〜五センチ高さをおさえる工夫をしました。運転室床構造材、展望席壁面仕上げ材にはＦＲＰが用いられ、フロント、フロントサイドの曲面ガラスとなめらかに連続しています。

展望席座席の背は一般部より低くし、後方の席からの前方視界を広げるように配慮しました。また、前方三列は九〇度回転し、ラウンジ形式での使用も可能となっています。機関車により牽引されていた時代の展望席は後方にあり、華やかなラウンジをもっていたその記憶をここでは受け継いでみたいと考えました。

外観のデザイン──形態と色彩

この列車が都心、郊外と自然の風景を走り抜けるとき風景を縁取り、新たな景観を生み出してほしいと望み、車輌全体を一つのまとまりとして統一することを形態操作、技術的工夫によって試みました。すでに触れたように全体は一体表現をもつことになり、車体下部は周辺への騒音を防ぐ目的でスカートが取り付けられ、車輌限界ぎりぎりまで車高を伸ばしたことと合わせて、レール上の高さ約四メートル、長さ一四六・八メートルのリニアなオブジェが登場することとなりました。

アルミのダブルスキン構体は押出し材でつくられるため、きわめて繊密でシャープな断面が可能になることに注目して、車体の肩部分とスカート上部に切り返しを設け、光を受けて鋭い輝きを放つ工夫をしました。先頭部分では三次元切り出し加工が施され、サイドから正面への切り返し部分を鋭利にして、ここでも光の当たる面が明確に切り替わり、ヴォリュームの表現にメリハリのある爽やかさを与えています。先頭から全長にわたり四メートル×一四六・八メートルのヴォリュームは鈍い曲面としてではなく、輝く線と面の流れとしての表現を獲得しました。

車輌の形状決定には、クレーモデル（インダストリアル粘土を使った模型）が役立ちました。二〇分の一のモデルがCAD図面と平行していくつもつくられた

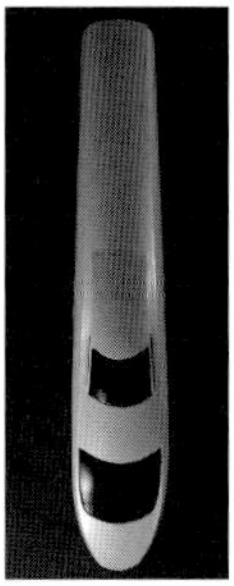

図9・13　二〇分の一のクレーモデル　写真／NOAN

図9・14　五分の一のクレーモデル製作風景　写真／NOAN

後、五分の一のクレーモデルで先頭部の詳細な検討を繰り返しました。光の反射、影の効果はモデルにより確認していきました。自動車産業のデザインのための方法であるクレーモデルの有効性は、一九七〇年末にＦＩＡＴのプロジェクトに参加したときに学んだものでした。

車体色には暖色系でマイカを含んだ白「シルキーホワイト」を採用し、駅構内の人工光の中では白い肌色に、外部の強い陽射しの中では輝く白そのものに見えます。窓下には、幅七〇ミリの小田急のシンボルカラーであるバーミリオンのライン「バーミリオンストリーム」を用いました。

確実性、安全性、堅牢性に加え、誰もが利用する内から生まれるバンダリズムに対する配慮は建築の世界を遥かに超えるレベルのものでした。建築家の立場でデザインする故の単純な疑問を提起しながら学び取ることが許され、鉄道の常識にとらわれない提案を実現できたことは貴重な体験となりました。

《小田急ロマンスカー６００００形ＭＳＥ》のデザイン

ロマンスカー５００００形ＶＳＥが運行を始めた直後、後にＭＳＥ（マルチ・スーパー・エクスプレス）と名づけられた次のロマンスカーのデザインを依頼されました。

日本初のプロジェクトの地下鉄線内座席指定特急車として小田急電鉄のロマン

図９・15《小田急ロマンスカー５００００形ＶＳＥ》が走る風景
提供／小田急電鉄

スカーと東京メトロの交通ネットワークを融合し、将来の鉄道輸送形態に新たな可能性を示す試金石となる車輌デザインです。このロマンスカーは週日には通勤特急、週末休日には首都圏東域北千住から箱根方面へと向かう観光特急として機能するため、ビジネスユースにも観光にも相応しい車輌空間のデザイン、地下鉄内走行の安全基準を満たすデザイン、ロマンスカーの特色を受け継ぎながら新たな存在としてアピールする外観のデザインが求められました。

　先頭形状はＶＳＥと同様にシャープな流線形を目指すとともに、地下鉄使用に合わせた緊急時脱出用のプラグドアをその形状の内に組み込みました。中間先頭には六輌＋四輌構成を実現するために自動ホロが組み込まれています。屋根上空調機カバー、信号炎管突起部など、デザインは構体との連続性に配慮し、編成全体として一体感を目指しました。ＶＳＥと同様のアルミ押出しによるＦＳＷ（摩擦攪拌《かくはん》接合）工法が採用され、多くの金型もＶＳＥのものが再利用され、製造コストをおさえるデザインを試みました。

　首都圏の地下鉄に乗り入れる《ロマンスカー６００００形ＭＳＥ》の車体色には澄んだ青空、輝く海原のイメージを喚起させる透明感のある青、一七世紀オランダの画家フェルメールの描いた青、「フェルメールブルー」の色彩を提案しました。「フェルメールブルー」の車体は特急車に相応しい鮮明な流線形の先頭車、全体をフルハイトの一体としてまとめたヴォリューム感が地下鉄構内から都市景

図９・16《小田急ロマンスカー６００００形ＭＳＥ》二〇〇八年。岡部憲明アーキテクチャーネットワーク　写真／ＮＯＡＮ

観、自然の風景の中を走り抜け、日々の鉄道の移動空間の楽しさと豊かさを利用者と沿線住民に伝えます。

内部空間においては、朝夕のビジネス通勤特急車に相応しい落ち着いた雰囲気をもつとともに、週末の観光特急としての楽しさももつ明るくソフトな室内環境を創り出すことを追求しました。六輌＋四輌の構成は自動ホロによる連結システムの中間先頭によって結ばれ、ＭＳＥの名に相応しい多様な運行が可能となっています。

《箱根登山電車３０００形》のデザイン

二つの特急車輌の後に、箱根登山鉄道の車輌をデザインする機会に恵まれました。日本で最も歴史ある鉄道路線の一つで、スイスの山岳鉄道、レーティッシュ鉄道などと比較されるユニークな路線です。アプト式のように歯車などをもたず、最大八十パーミル（千分の八十）の急勾配をレールと車輪の摩擦によって上下する車輌で、スイッチバックと呼ばれる方向変換を繰り返しながら進みます。

鉄道車輌のデザインの出発点は、路線をよく理解することから始まります。箱根の自然の中を八八ものカーブ、一三ヵ所のトンネルを抜け急勾配を進む車輌をデザインするにあたっては、幾度も現存の車輌に乗って風景や乗車の状態を観察することからコンセプトをかためていきました。自然の緑に包まれる車内、風景

図９・17《小田急ロマンスカー６００００形ＭＳＥ》一般車内観
提供／小田急電鉄

のすべてを捉える大きな眺望をもつ車体をつくり上げるために、前後にある運転室と客室の仕切りを最大限透明にし、運転台を低くおさえて前後のフロント窓を大きくとる工夫と、床から天井近くまでの展望窓の設置は、山から谷へと上下に広がる箱根の景観を意識したものです。構体の主要部分は耐候性を考慮し、ステンレス鋼板が使われましたが、これに幾層も重ねて塗装をし、箱根の四季に相応しい「バーミリオンはこね」と名づけた赤い色彩が施されました。

内部はなるべくシンプルに、外の風景への視線を主体に考えています。構体のデザイン、設計以上に様々な機器の設計は実に複雑であり、かわいらしく見える登山電車をまるで正反対の複雑な戦車のように感じつつ、設計と製作のプロセスを体験しました。

鉄道車輌のデザインや製作のプロセスから建築家として学ぶことは実に多く、誰もが利用するという社会性、公共性と、つねに可動し振動しているという激しい条件に耐え、加えて長い年月をかけて使われる耐久性などが建築以上にシビアなデザイン領域だと思います。

家具と照明

建築空間の創出には、空間のヴォリュームを生み出し、そこに置かれる家具とともに、空間を浮かび上がらせ機能させる照明は欠くことのできない要素です。

図9・18《箱根登山電車3000形》二〇一四年。岡部憲明アーキテクチャーネットワーク
提供／箱根登山鉄道

「第3章　建築の光」で自然光と建築の内部空間について述べましたが、ここでは住空間を豊かに生かす家具と、空間を照らし出す人工の光について触れ、それらを生み出すデザインのプロセスについて語ります。

「第5章　外部空間をつくる」で触れた文明評論家バーナード・ルドフスキーは、日本の文化を考察して実に興味深い著書『キモノ・マインド』[*1]を書いています。また、作家、谷崎潤一郎は『陰影礼讃』[*2]で日本建築の光の空間を描きました。こうした日本の伝統建築がもつ繊細で豊かな空間デザインは、近代においても今日においても多くの示唆を与えてくれます。日本の空間デザインを対比の質として括弧に入れた上で、近代以降の家具と照明のデザインを参照しつつ、私自身で今日、デザインを試みている家具と照明について触れてみたいと思います。

近代建築家たちと家具、そして照明

フランス、ベルギー、イギリスを中心にアール・ヌーヴォーと呼ばれた草花などの自然の形態をベースにした美しく装飾的な造形が生み出されました。ベルギーの建築家ヴィクトール・オルタの建築デザイン、フランス、ナンシーのエミール・ガレなどがつくった照明や花器のデザインの世界です。曲線をテーマとしたアール・ヌーヴォーに続いて、より直線的デザインを組み入れ、工学的、機械的要素の支配する形式に沿ったアール・デコ様式が現れます。「第4章　デザインと技

図9・19　開放性を高めた客室展望窓と運転室フロント窓
提供／箱根登山鉄道

*1　バーナード・ルドフスキー著、新庄哲夫訳『キモノ・マインド（SD選書76）』鹿島出版会（一九七三年）
*2　谷崎潤一郎著『陰翳礼讃』中央公論社（一九九五年）

術」で紹介したルネ・ラリックはこの二つのデザインの構成において独創的な作品をつくり上げ、建築の内部の要素、家具、照明、食器などの日用品のもつ近代へのデザイン価値を生み出した一人です。

ル・コルビュジエたちの近代はその次にやってきます。そこではアール・ヌーヴォーやアール・デコにあった装飾性を排除することから新たな空間、家具、照明のデザインが試みられました。

椅子のデザインの近代を巡って

椅子のデザイン史は、人類の生活史を見ていく上で実に興味深いものです。歴史的な記述は他の多くの著作に委ねるとして、近代建築におけるいくつかの例について、建築家の視点から触れてみたいと思います。

近代の椅子の始まりの前提、そして近代建築の建築家たちが尊重し、かつ建築家たちをサポートした椅子のメーカーがトーネットです。生木を曲げ釘も使わず組み立てる軽量、安価、量産可能、かつ優雅で座りやすい傑作をトーネットは一からつくり出しています。今日でもこれらの椅子にかなう質を得るのはなかなか困難だと思います。トーネットの椅子が一般に広がった土壌で、近代の建築家たちが新素材を使って椅子の新たなデザインを試みました。ル・コルビュジエはそのパートナー、シャルロット・ペリアン、ピエール・ジャンヌレとともに今日に

図9・20《関西国際空港旅客ターミナルビル》のラウンジチェア。一九九四年。レンゾ・ピアノ、岡部憲明
写真／細川和昭、提供／NOAN

残る傑作シェーズロングを、ミース・ファン・デル・ローエは建築空間の価値をきりりと引き立て高めてくれるバルセロナチェアを生み出しました。マルセル・ブロイヤーのワシリーチェアも忘れることができないでしょう。

そして、チャールズ・イームズ、レイ・イームズは合板、プラスチックス、スチールメッシュなど多様な素材によるモダンで楽しい椅子の数多くの名作を家具メーカー、ハーマンミラーとともに生み出しました。

慎ましやかで人間的な室内をつくり上げた北欧の建築家、アルネ・ヤコブセン、アルヴァ・アールトの椅子は、その空間に相応しいとともに、どこにあっても、いつの時代においても暖かさを与えてくれるものが多いと感じます。

椅子をデザインする

椅子をデザインした自らの経験を振り返ってみたいと思います。《ポンピドゥー・センター》では、図書館の家具も大きなデザインテーマでした。ピアノ・アンド・ロジャーズチームのイギリス人建築家ジョン・ヤンが中心になり、スチールメッシュに皮のシートを張ったものでまとめられました。《ポンピドゥー・センター》以後、私もイタリアで活動した三年間にいくつかの家具のプロダクトに関わりました。販売まで至るものは実現できなかったにもかかわらず、様々な素材や製作方法を学べたことは幸いでした。イタリアには伝統的な職人技術と現代的なハイ

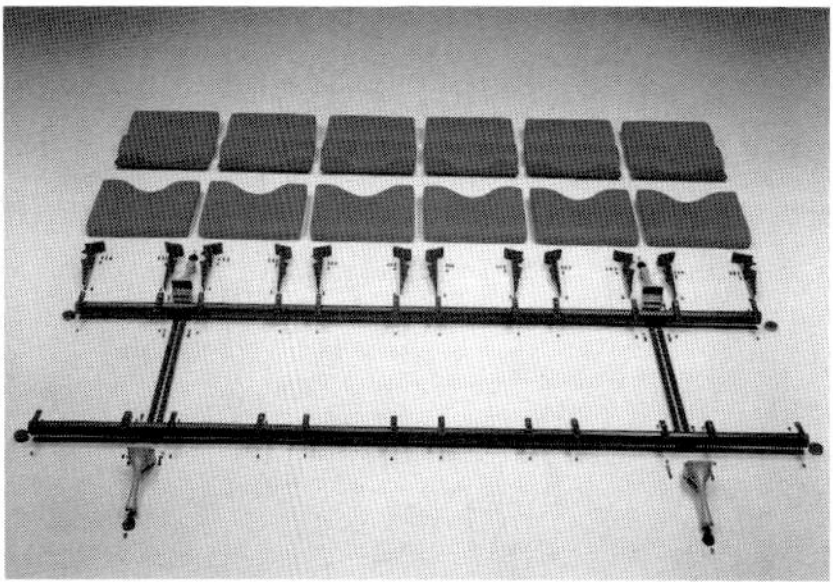

図9・21　ラウンジチェアのパーツ
提供／岡村製作所

テックをあわせもつ企業があり、ドイツには高品質な部品などを組み入れ総合的なデザインの厚い積み重ねの底力があると思いました。

ＦＩＡＴの車の設計をしていた折にも、新たな椅子のデザインをブローモールディングの手法で試みました。椅子がいかに車全体のコストと重量の中で重要なものかを知った上での提案でしたが、厳しい安全性、生産工程のプロセスなどのハードルのため、諦めた記憶があります。

実際にデザインした椅子で製作までこぎつけたのは、前章「プロジェクトのプロセス1――《関西国際空港旅客ターミナルビル》」にあげた《関西国際空港旅客ターミナルビル》のラウンジチェアが最初です。このときは《関西国際空港旅客ターミナルビル》の出発ロビーの空間的かつ機能的質を見極めることからラウンジチェアのデザインをスタートしました。そして経済的効率を最大限求める提案も根底にありました。一二席四脚の床から浮いたように軽やかなデザイン、あざやかな仕上げの色彩計画もこの前提条件から導かれたものです。

この計画ではデザインコンセプトを導き出すために、多くのラウンジチェアを検証し、空港のラウンジチェアとその使われ方を実際に観察してみることを試みました。航空機を待つ短い時間の利用ですが、場合によってはチェアの上で寝て過ごすこともあります。ラウンジチェアといっても多様性の固まりで、実際の使用する側にたってデザインを精査し、フォルムを決めていく作業が生まれます。

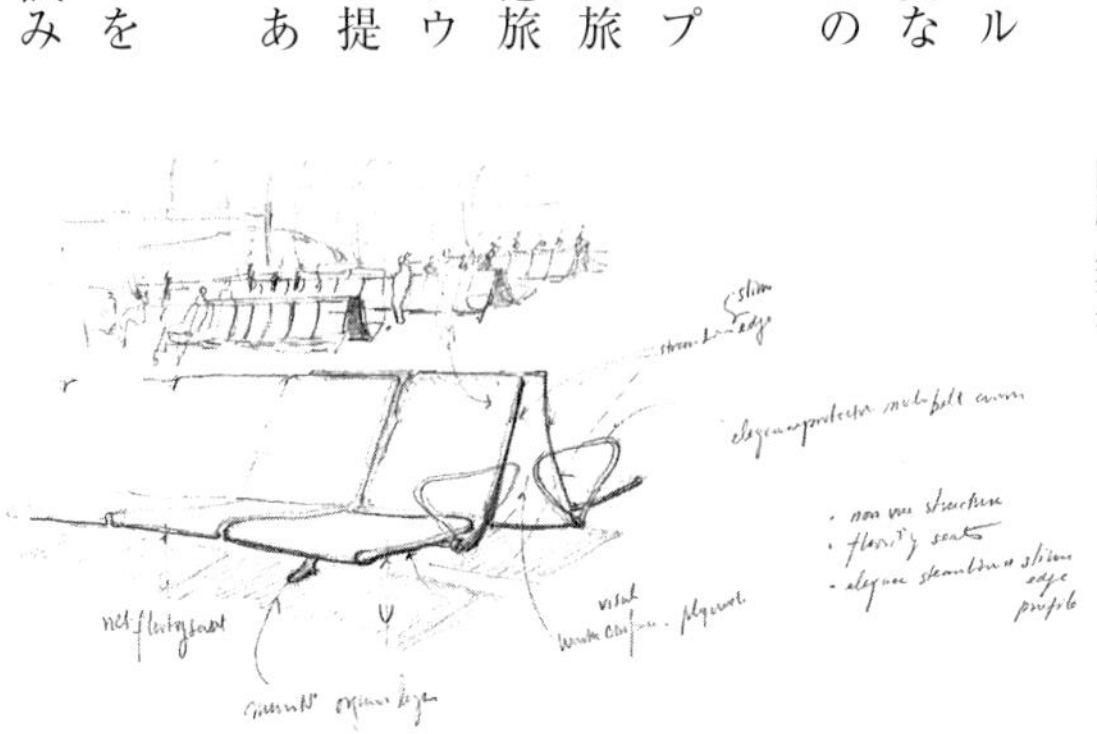

図9・22　ラウンジチェアのスケッチ
図版／著者

《関西国際空港旅客ターミナルビル》のラウンジチェア

空港のラウンジチェアの機能を絞り込んだ上、椅子の構造、素材の選択を決めていきます。一二席四脚のコンセプトがメンテナンスのしやすさ、浮遊感のあるデザイン、経済性から導かれました。デザインの質を押し出す四本の脚にはアルミのキャスト、つなぎの構造にはスチールパイプ、座と背にはブナ合板とポリウレタンに明るい色彩の人工皮革が素材として選択されました。空間に合わせたデザイン性に加え、全体で九〇〇〇席という数を前提として、経済性、生産性により、これらの素材が決定されました。

模型やモックアップにより検討されたデザインと、空港のロビーチェアがもつ対振動性、対衝撃性などのスペックをもとにした資料で国内外の主要家具メーカーの参加と国際入札が行われ、選出されたメーカーとともに集中的な詳細設計、製品テストを繰り返し、実現に至りました。

新たなコンセプトを導入してのラウンジチェアは、関西国際空港開港から二〇年になる今日（二〇一四年現在）でも旅客の出発をサポートする役割を果たし続けています。

《α1・5》――オフィスソファのデザイン

《α1・5》（アルファ・ワン・ポイント・ファイブ）と名づけたソファを家具メー

図9・23 《関西国際空港旅客ターミナルビル》の搭乗ラウンジ
写真／細川和昭、提供／NOAN

カーからの依頼でデザインしました。応接室、役員室等においてソファに建築家としての発想を入れてほしいとの依頼でした。応接室のソファといわれたとき、まず頭に浮かんだのは座ると沈み込むようなソファに対する個人的な違和感です。自らの感性の中で、なかなか意味をつけにくいのがこの種のふんわりゆったりの応接ソファだったからです。高さ、座り心地、機能性、快適性など様々な視点からなかなか位置づけがたい「ふんわり、ゆったり」です。沈み込まないしっかりしたサポート感のあるソファをつくりたいとまず考えました。家具メーカーのチームとの検討会の中から、応接室にも、応接室でないロビーや広い廻廊などにもソファを置くことで、ソファがコミュニケーション空間を創り出せるように考えることをテーマとしました。女性の役員が増えることも重要なテーマとなりました。ソファタイプを使った打合わせの場合、女性の役員に限らず誰でもハンドバッグやカバン、書類、ノートパソコンなどの置き場に困ります。大きなテーブルを囲む会議形式とはやや異なる対話ができる方法はないか。そのためのソファや空間をつくることは興味深いテーマです。そうして生まれたのが一人の座るソファを通常の一・五倍にするアイデアで、自分のソファにハンドバッグも書類もノートパソコンも置けます。このソファを家庭にもちこめば子供を横に座らせることも、大人二人で座ることも可能です。

スケッチから始め、スタイロフォーム・モデル、粘土モデルなどを五分の一ス

図9・24《α1・5》二〇一一年。岡部憲明アーキテクチャーネットワーク 提供／岡村製作所

ケールで多数つくった後、3Dプリンターで五分の一モデルをつくり形状を決定しました。原寸のモックアップをつくると同時に、メーカーと素材、製法の検討に入りました。製品化に至るまでには様々なテストが繰り返され、安全性、耐久性が保障されます。

「α」には始まりの意味、「1・5」は座る豊かさの意味をもたせ命名しました。非対称の椅子をデザインしてみるのは、古典美を見事に現代化したミースのバルセロナチェアへの無意識の抵抗だったかもしれません。

照明のデザイン

光と音、人間の感性の豊かさを与えてくれるこの二つの主要な要素は、触覚をはじめとしてすべての感覚に刺激を与えてくれます。建築デザインでは光と音と素材のもつ触感はベーシックな感覚の対象ですが、光はまず第一に空間と形態のデザインへと組み込んでいく相手です。自然光のもつ豊かさを太陽光のみならず月光に至るまで人間の生活の中により大切に豊かに結びつけてほしいものです。同時に人工の照明は今日、新たな世界を開きつつあり、焚き火から始まり蝋燭、ガス灯、白熱灯、蛍光灯と長い年月を経て展開し、人間文明の進化の象徴的存在であったといえるでしょう。

今日、LEDとELの開発と生産による人工光が新たな可能性を開いています。

建築のデザインに関わる身としては、LEDにより白い光が、そして暖かい色温度の光が得られるようになったことは大きな喜びです。というのは、そこにこそ人間の歴史が積み重ねてきた人工光との対話の豊かさがあるからです。前項の「《小田急ロマンスカー50000形VSE》のデザイン」で述べた二〇〇五年に運行を開始した《小田急ロマンスカー50000形VSE》では、当時まだ開発される可能性が少なかった色温度二八五〇ケルビンの暖かい光のLEDの導入にメーカーの協力を得て実現しました。間接照明にも同一の二八五〇ケルビンの光を用いることで、車内にそのやわらかい暖かさが広がるとともに、車窓から風景へと連続して流れ出す表現が可能となりました。

人工の光は、人間が火を見出したときからの記憶に根差しています。その人工光の本質が暖かい光です。人工光は今後さらに多様な発展をしていく可能性をもっており、天体の光（太陽や月……）や人類がつくってきた人工の光の記憶と質を大切にしつつ探求と展開を試みたいものです。

LEDを使った照明器具のデザインの検討の中で、こうした思考を前提としました。LEDを導光板と組み合わせ、広がりのある光をヴォリュームの存在を感じさせない薄い平面から均質に放つ方法により《α1・5》シリーズのフロアスタンドをつくりました。

もう一つの試みはLEDの机上で使うタスクライト、《LL》（ルーチェ・ルチョ

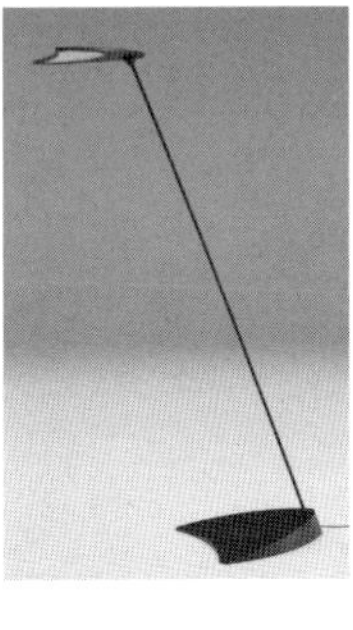

図9・25 《α1・5》のフロアスタンド。二〇一三年　提供／岡村製作所

ラ）です。ここでも、ＬＥＤの素子のきつい光を見せない広がりのある光源を最小限の形状でデザインすることがテーマになりました。新しい技術が手に入ったとき、形にし、空間にその技術を導くためには技術の本質を見極めなければなりません。そして人間と空間の歴史に眼を向けることが大切です。

現代の照明のデザインに関わったとき、ル・コルビュジエたちが人工照明を照明器具を見せずに間接光として取り込んだことや、北欧のアルネ・ヤコブセンやアルヴァ・アールトがやわらかくやさしい光を空間に送り込もうとした光源を見せないデザインの方法への検証と尊重は欠かせないものと考えています。そして発想の転換を促してくれるイタリアのデザイナー、アレッキ・カスティリオーニ（一九一八～二〇〇二）の照明器具のデザインは今日においても特徴的で刺激的です。

新たな光源ＬＥＤ、ＥＬなどを用いた照明のデザインのプロセスはまず、現在の技術と照明が使われる空間の分析が大切かと思います。そして次に様々な素材をもう一度洗い直すことです。二つの照明器具では、アルミ、カーボンファイバー、アクリル、それらの組み合わせに加えて、輸送方法の検討を繰り返しましたが、異なる製造メーカーの組み合わせや、販売システムについての工夫が肝心で、こうしたロジスティックスもデザインの主要なテーマとなります。

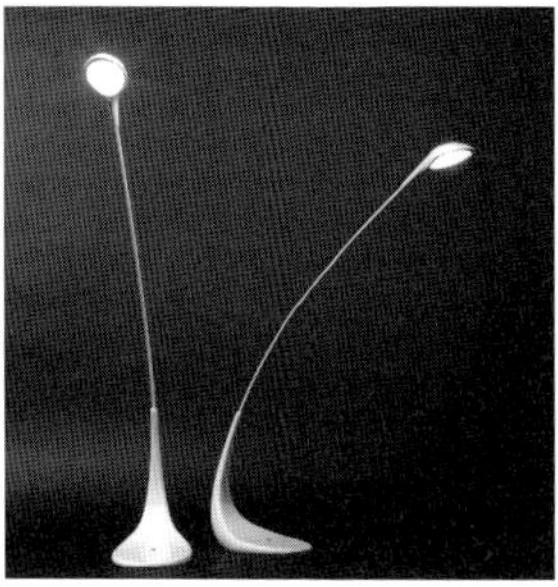

図９・26《ＬＬ》（LUCE LUCCIOLA）二〇一四年。岡部憲明アーキテクチャーネットワーク　写真／ＮＯＡＮ

図 10.1　パリの街並み　写真／著者

第10章　新たな環境へ、可能性を求めて

地球環境破壊を食い止め、人類が築いてきた環境的遺産をどう育んでいくか。膨張する人口、とりわけ世界のいくつかの都市で起きてくる都市人口の爆発的拡大にどう対処するのか。迫り来る自然災害にどう立ち向かうのかなど、今日私たちは、大きく重い環境的課題を抱えています。

「第4章　デザインと技術」で、一九世紀において鉄という素材、蒸気機関から始まる機械文明が、人類の活動と生存のそれまでの歴史を大きく変えた点について触れました。今日、私たちが直面する一九世紀の転換に匹敵する変革は「コンピューターの登場とその急速な進歩」でしょう。

コンピューターの高まる計算力とどう対峙するかは、現代社会のあらゆる場面で起こっている課題です。私自身はコンピューターの計算力を積極的に利用していきたいと思っていますが、大切なことは人間自身のもつ身体性、知性、感性についての配慮、考察を決して排除しないように心がけながらコンピューターと共存していくことだと思います。言うは易しですが、現実には注意深く進まねばな

らぬ道だと思います。すべてのテーマで歴史を振り返ってみたのも、過去がこうした今日の変化の対応に対して何らかのヒントを与えてくれると思っているからです。

科学技術に目を向けることと人間性に目を向けることは、本質的にいずれも自然の摂理に属していますから、決して相反することではないと思います。こうした視点をもつのはオプチミストだと思われるかもしれませんが、近代の人々はもっとオプチミストであったように思います。それゆえ、歴史の中では失敗も行き過ぎもあったわけですが、私たちがそうした過去を知っているのもまた事実です。

西欧中心だった文明解釈が見直され、それぞれの文化、文明が意味を発見され、価値を主張することができる時代に確かに踏み入っています。そうした認識を前提としつつつルネッサンスは近代科学の原点であると同時に、人間性を求める強い意志があったことを振り返ってみる必要を感じます。

レオナルド・ダ・ヴィンチの素描

パリ、ルーヴル美術館の素描版画室で身近で見たレオナルド・ダ・ヴィンチ（一四五二〜一五一九）の素描から受けた衝撃はとても大きなものでした。中でも衣襞《いへき》（ドラペリー）の習作、若きレオナルドがヴェロッキオのアトリエにいた時期の作品には驚きました。衣襞の質感、光と影の連続し織りなす複雑でやわらかな表現は、近づいて見れば見るほど深々と視覚に貫入してくるものでした。

「世紀の修復」と呼ばれたレオナルド・ダ・ヴィンチ作の「聖アンヌと聖母子」（ルーヴル蔵）の修復が完成し、オリジナルの色彩の輝き、ニスによって隠されてしまった詳細な表現、とりわけ空気遠近法で描かれた表現などが再生された後、二〇一二年三月末から六月末まで「聖アンヌ、レオナルド・ダ・ヴィンチ　最後の傑作」展がルーヴル美術館で開かれ、一五〇一年から没年まで、膨大なデッサン、習作、構成検討の上に作品がつくり上げられていく背景が展示され、この最後の作品の中に込められたレオナルドの探究心の強さに驚嘆させられました。

一つの絵画の中に、人間の知覚能力のすべてが持続した緊張の中で積み上げられてきた様が表され、人間のもつ可能性について私たちに伝えてくれる意味は大きいと思います。レオナルドは今日においても示唆に富むその手記[*1]の中で、観察する力と分析する力、創造する力が人間に備わっており、そのすべてを動員して生きることを伝えています。コンピューターの計算力に圧倒され支配される現在、そして未来の人間に対して大きな勇気を与えてくれるルネッサンスからのメッセージだと考えています。個々の建築家、デザイナー、エンジニアが受け止めていいメッセージです。

図10・2　衣襞の習作
ルーヴル美術館素描版画室蔵

＊1　レオナルド・ダ・ヴィンチ著、杉浦明平訳『レオナルド・ダ・ヴィンチの手記 上・下』岩波書店（一九五四、一九五八年）

終わりに

その建築を訪ね、著作を通して学んでいたル・コルビュジエなど近代建築のパイオニアたちの考えと時代をより直接的に知ることができたのは、パリで知己となったシャルロット・ペリアンのおかげでした。彼女から伝わってきた近代の激しいほどの意志は、それ以前の時代から抜けるための、前に行く力強さ、オプティミズムに支えられているかに思われました。

ペリアンは戦時中に日本に伝統工芸の近代デザイン化の指導で招かれ、ナチス占領がせまるパリから抜けて日本へと渡航し、日本でデザイン活動を行っています。二度の大戦を経験し近代の創造的世界を生きた魂には、新たな世界を生み出すことへの強いキュリオシティ（興味）がうかがえました。

一九九八年にパリに行った折、一冊の本を手渡されました。『創造の人生（UNE VIE DE CRE ATION）』という自伝です。それがお会いできた最後の機会になりました。

「二一世紀をつくっていく者たちへ」と小さく内側のページに書かれていました。この近代の強い意志が、膨張する人口、地球環境問題を抱える今後の世代に勇気をもて、といっているかに伝わってきました。

自己の体験を通し、「空間と時間の旅」の中から環境をつくり出す「可能性」について振り返り、九つのテーマで読者に語りかけました。社会の急速な時代的

図10・3　筆者とシャルロット・ペリアン。パリ、ペリアン自邸にて
写真／Aomi Okabe

変化の中に、課題と同時に新たな創造への可能性が存在し、人間性《ヒューマニティ》をベースに思考していくとき、新素材や解析力の進歩が次の展開への道を確実に開いてくれると信じます。

活用され、親しまれる建築とデザインを生むには、使う人々の参加や理解が大きな基礎となります。本書が多くの人々に建築とデザインを育てる視点をもっていただくきっかけになれば幸いです。私自身も「可能性の建築とデザイン」を模索しながら、バランスのとれた世界をつくることに関わっていけたらと考えています。

沖縄の空　写真／著者

あとがき

本書は二〇〇四年にNHK教育テレビで二ヵ月にわたり放映された番組、人間講座「可能性の建築――人間と空間を考える」のテキストおよび、その後、文庫として出版されたNHKライブラリー「可能性の建築」をもとに加筆、再構成したものです。放送テキストという制約もあり、再版の機会がありませんでしたが、この度、鹿島出版会のご好意で出版できることになりました。一〇年という月日を考慮して、原テキストを修正し、その後一〇年間のプロジェクトの一部を加えました。

一九七七年に《ポンピドゥー・センター》がパリに完成した後、レンゾ・ピアノとともにイタリアのジェノバに移りましたが、そのときの最初のプロジェクトがイタリア国営放送RAIの三ヵ月にわたる教育番組でした。「住まい――開かれた建築の現場」というタイトルで〈建築の技術、セルフビルド（一般の人々が自力で建設すること）、古い都市の再生〉がテーマで多くの手づくりの模型により一般の人々に建築を理解していただく試みがなされました。その当時の記憶を呼び戻しながら表層的な建築のイメージだけでなく、その背景にある時代性、社会性、科学技術、組織の構成、デザインと構築のプロセスなどを伝えることができたらと考え、NHK人間講座の放送に臨みました。

第2章から第9章に至る各章のテーマは、一九九六年より教鞭をとってきた神戸芸術工科大学での講義「芸術工学概論」をベースに組み上げました。講義が建築からグラフィックス、ファッションに至る多領域なデザイン分野の学生たちに、デザインの意味と方法を初年度に伝えることを目標にしていた内容であることから、本書も一般の方々にもご理解いただきやすいかと期待しています。

テレビ放送のときと同様に私自身の経験してきた「空間の旅」「時間の旅」を通して、多くの読者に建築とデザインの世界を理解していただきたい気持ちは一〇年前と変わりません。本書において多くのページを割いた私の建築家としての最も大きな経験となった《関西国際空港旅客ターミナルビル》の完成、開港から本年（二〇一四年九月）、二〇年が経った今、この機会にもう一度、自身の方法、建築、デザインへの意識を確認することともなりました。

阪神淡路大震災、東日本大震災という二つの大きな自然災害による打撃を受けた日本において、建築家、デザイナー、エンジニア、次の世代を担う皆さんに勇気と自信をもって新たな環境をつくるために、私自身の経験がわずかでも役に立つことができたらと願ってやみません。

今日まで様々なプロジェクトで共同してくれた「岡部憲明アーキテクチャー

一の宮町（現在、阿蘇市）の農産物加工場、公衆トイレ、直売所　二〇〇三年。岡部憲明アーキテクチャーネットワーク
写真／清島靖彦、提供／NOAN

ネットワーク（NOAN）」のメンバー、レンゾ・ピアノをはじめとする《ポンピドゥー・センター》以来の建築家の友人たち、ARUPのメンバーに加え日本の構造、設備（環境）のエンジニアの皆さん、施工者、製作メーカー、そしてプロジェクト実現の機会を与えてくださった発注者（クライアント）のすべての方々に感謝の意を本書とともに捧げたいと思います。出版を引き受け編集の労を尽くしてくれた鹿島出版会の相川幸二さん、編集のサポートに努めてくれた森山智就（NOAN）君に心より感謝します。

建築、デザインとアートとの関わりの中にある可能性について、つねにアドバイスを与えてくれた妻、岡部あおみに感謝の意を表します。

岡部憲明

二〇一四年六月一五日　東京にて

［参考文献］

第1章　空間への旅

アントニオ・マネッティ著、浅井朋子訳『ブルネッレスキ伝』中央公論美術出版（一九八九年）

ロス・キング著、田辺希久子訳『天才建築家ブルネレスキ』東京書籍（二〇〇二年）

G・C・アルガン著、浅井朋子訳『ブルネッレスキ―ルネサンス建築の開花（SD選書170）』鹿島出版会（一九八一年）

ル・コルビュジエ著、石井勉他訳『東方への旅（SD選書148）』鹿島出版会（一九七九年）

第2章　住の空間

八束はじめ著『ル・コルビュジエ』岩波書店（一九八三年）

C・ジェンクス著、佐々木宏訳『ル・コルビュジエ（SD選書144）』鹿島出版会（一九七八年）

佐々木宏著『ル・コルビュジエ断章』相模選書（一九八一年）

富永譲著『ル・コルビュジエ　建築の詩』鹿島出版会（二〇〇三年）

武藤章著『アルヴァ・アァルト（SD選書34）』鹿島出版会（一九六九年）

伊藤大介著『アールトとフィンランド―北の風土と近代建築（建築巡礼18）』丸善（一九九〇年）

齋藤裕写真・著『ヴィラ・マイレア―アルヴァ・アールト』TOTO出版（二〇〇五年）

『AA L'ARCHITECTURE D'AUJOURD'HUI No.1』（一九三〇年）

『AA L'ARCHITECTURE D'AUJOURD'HUI No.6 Richard J.Neutra』（一九四六年）

「建築家林雅子」委員会『建築家　林雅子1928―2001』新建築社（二〇〇二年）

吉村順三著『小さな森の家―軽井沢山荘物語』建築資料研究社（一九九六年）

『La Cellule Le Corbusier L'Unité d'habitation de Marseille』（二〇一三年）

『Le Corbusier L'Unité d'habitation de Marseille』Imbernon（二〇一三年）

『GAグローバル・アーキテクチュア No.46〈ピエール・シャロー、ベルナール・ビジヴォ〉ダルザス邸（ガラスの家）』A.D.A.EDITA Tokyo（一九七七年）

『GAグローバル・アーキテクチュア No.23〈アトリエ5〉フラマット、ハーレン、ブルックのテラスハウス』A.D.A.EDITA Tokyo（一九七三年）

『Atelier 5』Ammann Verlag（一九八六年）
『Atelier 5 Siedlungen Und Städtebauliche Projekte』Friedr. Vieweg & Sohn Verlagsgesellschaft（一九九四年）
日本フィンランド都市セミナー実行委員会著『ヘルシンキ／森と生きる都市』市ヶ谷出版社（一九九七年）
『a＋u 20世紀のモダン・ハウス：理想の実現Ⅰ』エー・アンド・ユー（二〇〇〇年）
『a＋u 20世紀のモダン・ハウス：理想の実現Ⅱ』エー・アンド・ユー（二〇〇〇年）

第3章　建築の光

ブルーノ・ゼーヴィ著、栗田勇訳『空間としての建築・上（SD選書124）』『空間としての建築・下（SD選書125）』鹿島出版会（一九七七年）
二川幸夫、三宅理一著『光の空間　Modern Architecture　第一巻』『光の空間　Modern Architecture　第二巻』A.D.A.EDITA Tokyo（一九九四年）
ロバート・マーク著、飯田喜四郎訳『ゴシック建築の構造（SD選書183）』鹿島出版会（一九八三年）
二川幸夫他著、三宅理一訳『ガラスの家―ダルザス邸―ピエール・シャロー』A.D.A.EDITA Tokyo（一九八八年）
ブルーノ・ゼーヴィ著、鵜沢隆訳『ジュゼッペ・テッラーニ（SD選書181）』鹿島出版会（一九八三年）
香山壽夫著『ルイス・カーンとはだれか』王国社（二〇〇三年）
磯崎新著『ル・コルビュジエとはだれか』王国社（二〇〇〇年）

第4章　デザインと技術

S・ギーディオン著、太田実監訳『空間・時間・建築　1』丸善（一九五四年）
S・ギーディオン著、太田実監訳『空間・時間・建築　2』丸善（一九五五年）
J・E・ゴードン著、石川広三訳『構造の世界―なぜ物体は崩れ落ちないでいられるか』丸善（一九九一年）
山本学治著『素材と造形の歴史（SD選書9）』鹿島出版会（一九六六年）
Felix Marihac 著『L'Oeuvre De Verre De Rene Lalique 1860-1945』Vilo Editions（一九八九年）
アンリ・ロワレット著、飯田喜四郎、丹波和彦訳『ギュスターヴ・エッフェル―パリに大記念塔を建てた男』西村書店（一九八九年）
Henri Loyrette 著『GUSTAVE EIFFEL』Office du Livre S.A.（一九八六年）
ピーター・ライス著、岡部憲明監訳『ピーター・ライス自伝―あるエンジニアの夢みたこと』鹿島出版会（一九九七年）
ケヴィン・バリー著、三輪直美訳『ピーター・ライスの足跡』鹿島出版会（二〇一二年）

齋藤裕写真・著『Felix Candela—フェリックス・キャンデラの世界』ＴＯＴＯ出版（一九九五年）
三上祐三著、村井修写真『シドニーオペラハウスの光と影—天才建築家ウツソンの軌跡』彰国社（二〇〇一年）
豊川斎赫著『群像としての丹下研究室—戦後日本建築・都市史のメインストリーム』オーム社（二〇一二年）

第5章　外部空間をつくる

カミロ・ジッテ著、大石敏雄訳『広場の造形（ＳＤ選書175）』鹿島出版会（一九八三年）
ピーター・ウォーカー、メラニー・サイモ共著、佐々木葉二、宮城俊作共訳『見えない庭—アメリカン・ランドスケープのモダニズムを求めて』鹿島出版会（一九九七年）
バーナード・ルドフスキー著、平良敬一、岡野一宇訳『人間のための街路』鹿島出版会（一九七三年）
都市デザイン研究体著『日本の都市空間』彰国社（一九六八年）
長尾重武著『ローマ・バロックの劇場都市（建築巡礼26）』丸善（一九九三年）
Jean-Marie Perous De Montclos 著『VAUX LE VICOMTE』Editions Scala（一九九七年）
Franco Borsi, Geno Pampaloni 編『MONUMENTI D'ITALIA: LE PIAZZE』ISTITUTO GEOGRAFICO DE AGOSTINI（一九八九年）

第6章　移動の空間

小倉孝誠著『19世紀フランス　夢と創造』人文書院（一九九五年）
レイモンド・ローウイ著、藤山愛一郎訳『口紅から機関車まで—インダストリアル・デザイナーの個人的記録』鹿島出版会（一九八一年）
片木篤著『テクノスケープ　都市基盤の技術とデザイン』鹿島出版会（一九九五年）
宇都宮浄人著『鉄道復権 自動車社会からの「大逆流」』新潮社（二〇一二年）

第7章　都市とアート

岡部あおみ著『ポンピドゥー・センター物語』紀伊国屋書店（一九九七年）
岡部あおみ、神野善治、杉浦幸子、新見隆著『ミュゼオロジー入門』武蔵野美術大学出版局（二〇〇二年）
せんだいメディアテーク・プロジェクトチーム編『せんだいメディアテークコンセプトブック』ＮＴＴ出版（二〇〇一年）
南條史生著『美術から都市へ—インディペンデント・キュレーター15年の軌跡』鹿島出版会（一九九七年）

K・シュバート著、松本栄寿、小浜清子訳『進化する美術館―フランス革命から現代まで』玉川大学出版部（二〇〇四年）
八束はじめ著『ル・コルビュジェ　生政治としてのユルバニスム』青土社（二〇一四年）
『ドキュメント：ジョルジュ・ルース アートプロジェクト in 宮城』ビルド・フルーガス（二〇一三年）

第8章　プロジェクトのプロセス1

レンゾ・ピアノ・ビルディング・ワークショップ編著『関西国際空港旅客ターミナルビル』講談社（一九九四年）
『GA Japan 09』A.D.A.EDITA Tokyo
『The Architectural Review 1173』Architectural Review
『The Japan Architect 15』新建築社
『PROCESS ARCHITECTURE KANSAI INTERNATIONAL AIRPORT PASSENGER TERMINAL BUILDING』プロセスアーキテクチャー（一九九四年）

第9章　プロジェクトのプロセス2

バーナード・ルドフスキー著、新庄哲夫訳『キモノ・マインド（SD選書76）』鹿島出版会（一九七三年）
谷崎潤一郎著『陰翳礼讃』中央公論社（一九九五年）

第10章　新たな環境へ、可能性を求めて

H・アンナ・スー編、森田義之監訳、小林もり子訳『レオナルド・ダ・ヴィンチ　天才の素描と手稿』西村書店（二〇一二年）
レオナルド・ダ・ヴィンチ著、杉浦明平訳『レオナルド・ダ・ヴィンチの手記 上』岩波書店（一九五四年）
レオナルド・ダ・ヴィンチ著、杉浦明平訳『レオナルド・ダ・ヴィンチの手記 下』岩波書店（一九五八年）

［主要プロジェクト略データ］

・ポンピドゥー・センター〈パリ・フランス　1971～77〉
施主：フランス文化省／教育省／EPCB（エタブリスマン・ピュブリック・サントルボブール）
建築設計：ピアノ・アンド・ロジャース
エンジニアリング：オブ・アラップ・アンド・パートナーズ
・IRCAM（音響音楽研究所）〈パリ・フランス　1973～78〉
施主：フランス文化省／EPCB（エタブリスマン・ピュブリック・サントルボブール）
建築設計：ピアノ・アンド・ロジャース
エンジニアリング：オブ・アラップ・アンド・パートナーズ
音響コンサルタンツ：ポイツ・アンド・アソシエーツ
・ハビタ（教育用テレビ・プログラム）〈イタリア　1979〉
発注者：RAI（イタリア放送協会）
計画／演出：ピアノ・アンド・ライス・アソシアティ
・フィアット・ニューコンセプトカー・プロジェクト〈トリノ・イタリア　1978～80〉
施主：FIAT／I・DE・A
設計：ピアノ・アンド・ライス・アソシアティ
　プロジェクト・コーディネーター：岡部憲明
エンジニアリング：オブ・アラップ・アンド・パートナーズ
・ポンピドゥー・センター増築〈パリ・フランス　1981～83〉
施主：フランス文化省／教育省／EPCB（エタブリスマン・ピュブリック・サントルボブール）
建築設計：レンゾ・ピアノ・ビルディング・ワークショップ
　プロジェクト・リーダー：岡部憲明
・シュルンベルジェ社モンルージュ社屋計画〈モンルージュ・フランス　1981～84〉
施主：コンター・モンルージュ社（シュルンベルジェ・グループ）
建築設計：レンゾ・ピアノ・ビルディング・ワークショップ
　プロジェクト・リーダー：岡部憲明
造園デザイン：アレクサンドル・シュメトフ
・パリ万博1989（計画のみ）〈パリ・フランス　1982～86〉
施主：フランス政府
建築設計：レンゾ・ピアノ・ビルディング・ワークショップ
　プロジェクト・リーダー：岡部憲明
エンジニアリング：オブ・アラップ・アンド・パートナーズ
・IBM巡回展示パヴィリオン〈1982～86〉
施主：IBM
建築設計：レンゾ・ピアノ・ビルディング・ワークショップ
エンジニアリング：オブ・アラップ・アンド・パートナーズ
・「前衛芸術の日本」展 Japon des Avant Gardes 1910-1970〈パリ・フランス〉
展示期間：1986年12月～1987年3月
主催：ポンピドゥー・センター、国際交流基金
ゼネラルコミッショナー：ジェルマン・ヴィアット、高橋秀爾
芸術部門：V・リナルトーヴァ、A・パックマン、岡部あおみ
建築デザイン：Y・ブリュナメール、R・ギドー、三宅理一
写真：A・サイヤッグ
展示空間デザイン：岡部憲明

・ＩＲＣＡＭ増築〈パリ・フランス　１９８７〜９０〉
施主：フランス文化省／ポンピドゥー・センター
建築設計：レンゾ・ピアノ・ビルディング・ワークショップ
　プロジェクト・リーダー：岡部憲明
・関西国際空港旅客ターミナルビルディング〈大阪府　１９８８〜９４〉
施主：関西国際空港株式会社
国際競技設計：レンゾ・ピアノ・ビルディング・ワークショップ・パリ（レンゾ・ピアノ、岡部憲明）
協力：オブ・アラップ・アンド・パートナーズ（ピーター・ライス、トム・バーカー）
基本実施設計：レンゾ・ピアノ・ビルディング・ワークショップ・ジャパン（レンゾ・ピアノ、岡部憲明）
協力：オブ・アラップ・アンド・パートナーズ（ピーター・ライス）
日建設計（薬袋公明）
パリ空港公団（ポール・アンドリュー）
日本空港コンサルタンツ（松本操）
・牛深ハイヤ大橋〈熊本県牛深市　１９８９〜９７〉
施主：熊本県／くまもとアートポリス事業
設計：レンゾ・ピアノ、岡部憲明、ピーター・ライス＋マエダ（伊藤整一）
・「ヘルシンキ／森と生きる都市」展〈東京都○○区、北海道旭川市〉
展示期間：１９９７年７月（東京展）１９９７年11月（旭川展）
主催：日本フィンランド都市セミナー実行委員会、ヘルシンキ市、フィンランド実行委員会、ＴＮプローブ
キュレーション：岡部憲明、パーヴォ・ペルッキオ
展示制作：リーッタ・サラスティエ、ヤン・ウリン、吉崎恵子
展示デザイン：ユハニ・パッラスマー、岡部憲明
展示グラフィックデザイン：ユハニ・パッラスマー、赤崎正一
・長岡文化創造フォーラム（仮称）／指名設計競技、基本設計、実施設計〈新潟県長岡市　１９９６〜９９〉
施主：長岡市
建築設計：岡部憲明アーキテクチャーネットワーク
構造設計：中田捷夫研究室＋力体工房＋ＲＦＲ
設備設計：イーエスアソシエイツ＋ＡＲＵＰ
電気設計：日永設計
ランドスケープ：都市景観設計
舞台機構：ベアーズエンジニアリング
・ヴァレオユニシアトランスミッション厚木工場〈神奈川県厚木市　２０００〉
施主：ヴァレオユニシアトランスミッション株式会社
建築設計：岡部憲明アーキテクチャーネットワーク
構造設計：力体工房
設備設計：イーエスアソシエイツ
電気設計：環境トータルシステム
・佐世保港近海航路旅客ターミナル公開設計競技優秀案〈長崎県佐世保市　２００１〉
主催：佐世保市
デザイン提案：岡部憲明アーキテクチャーネットワーク＋播設計室（構造解析）
・トリノ文化センター国際公開設計競技二等案〈トリノ・イタリア　２００１〉
主催：トリノ市
建築設計：岡部憲明アーキテクチャーネットワーク
協力（図書館部分）：植松貞夫
構造設計：播設計室
設備設計：ＡＲＵＰ
・「ルネ・ラリック １８６０―１９４５」展／展示空間設計
そごう美術館（横浜）、東京都庭園美術館、京都国立近代美術館
展示期間：２０００年８月〜２００１年４月

主催：（財）そごう美術館、財団法人東京都歴史文化財団（東京）、京都国立近代美術館（京都）、日本経済新聞社、NHKプロモーション（横浜、東京）、NHKきんきメディアプラン（京都）
チーフキュレーター：イヴォンヌ・ブリュナメール
企画協力：アプトインターナショナル
展示空間デザイン：岡部憲明アーキテクチャーネットワーク
グラフィック：赤崎正一

・横浜トリエンナーレ2001／展示空間設計〈神奈川県横浜市〉
展示期間：2001年9月〜11月
発注者：国際交流基金
主催：横浜市、NHK、朝日新聞社、横浜トリエンナーレ組織委員会
アーティステックディレクター：河本信治、建畠哲、中村信夫、南条史生
展示空間デザイン：岡部憲明アーキテクチャーネットワーク

・桜新町の集合住宅〈東京都世田谷区　2001〜02〉
施主：大崎エステート
建築設計：岡部憲明アーキテクチャーネットワーク
構造設計：播設計室＋T&Aアソシエイツ
設備設計：建築設備設計研究所

・宮井邸〈静岡県伊豆市　2001〜02〉
建築設計：岡部憲明アーキテクチャーネットワーク
構造設計：播設計室＋力体工房

・コペンハーゲン新王立劇場国際公開設計競技二等案〈コペンハーゲン・デンマーク　2002〉
主催：デンマーク文化省
デザイン提案：岡部憲明アーキテクチャーネットワーク

・ナム・ジュン・パイク美術館国際公開設計競技三等案〈キョンギ・韓国　2003〉
主催：キョンギ文化財団
デザイン提案：岡部憲明アーキテクチャーネットワーク

・森美術館オープニング展覧会「ハピネス：アートにみる幸福への鍵」／展示空間デザイン〈東京都港区〉
展示期間：2003年10月〜2004年1月
発注者：森美術館
主催：森美術館
キュレーション：デビット・エリオット、ピエール・ルイジ・タッツィ
展示空間デザイン：岡部憲明アーキテクチャーネットワーク
グラフィック：岡本知久
照明計画：キルトプランニング

・一の宮町農産物加工場・直売場「工房　阿蘇ものがたり」〈熊本県阿蘇市　2002〜04〉
施主：一の宮町／くまもとアートポリス事業
建築設計：岡部憲明アーキテクチャーネットワーク
構造設計：播設計室
設備設計：イーエスアソシエイツ
電気設計：環境トータルシステム

・ひめゆり平和祈念資料館／展示リニューアル〈沖縄県糸満市　2003〜04〉
施主：ひめゆり平和祈念資料館
展示コンセプト空間デザイン：岡部憲明アーキテクチャーネットワーク
グラフィック：岡本知久

・小田急ロマンスカー50000形VSE〈2002〜05〉
運行開始：2005年3月
施主：小田急電鉄
デザイン：岡部憲明アーキテクチャーネットワーク
製造：日本車輛製造、他

・888タワー〈計画提案　2006〉
設計：岡部憲明アーキテクチャーネットワーク＋佐々木睦朗構造計画研究所

・渡邊邸〈長野県軽井沢町　2005～07〉
建築設計：岡部憲明アーキテクチャーネットワーク
構造設計：播設計室＋力体工房
設備設計：イーエスアソシエイツ
電気設計：環境トータルシステム

・小田急ロマンスカー60000形MSE〈2005～08〉
運行開始：2008年3月
施主：小田急電鉄
デザイン：岡部憲明アーキテクチャーネットワーク
製造：日本車輌製造、他

・JST東京技術センターB〈神奈川県横浜市　2007～09〉
施主：日本圧着端子製造株式会社
建築設計：岡部憲明アーキテクチャーネットワーク
構造設計：T&Aアソシエイツ
設備設計：イーエスアソシエイツ
電気設計：環境トータルシステム

・ベルギー・スクエア〈東京都千代田区　2006～09〉
プロジェクトアーキテクト：岡部憲明
ベルギー大使館
施主：ベルギー王国大使館
建築設計：岡部憲明アーキテクチャーネットワーク＋竹中工務店
構造・設備設計：竹中工務店
二番町センタービル
施主：まちづくりインベストメント
基本設計：岡部憲明アーキテクチャーネットワーク＋竹中工務店
詳細設計：竹中工務店
設計監修：三菱地所設計
構造・設備設計：竹中工務店

・Mブリッジ〈東京都　2007～11〉
設計：岡部憲明アーキテクチャーネットワーク

・路面電車トータルデザイン検討業務プロポーザル二等案〈札幌市ク2011〉
主催：札幌市
デザイン提案：岡部憲明アーキテクチャーネットワーク＋電通北海道＋電通＋石塚計画デザイン事務所

・アルファ・ワン・ポイント・ファイブ／ソファ、テーブル、ボックスパーティション〈2011〉
デザイン：岡部憲明アーキテクチャーネットワーク
製造・販売：岡村製作所

・アルファ・ワン・ポイント・ファイブ／スツール、フロアスタンド〈2013〉
デザイン：岡部憲明アーキテクチャーネットワーク
製造・販売：岡村製作所

・ルーチェ・ルチョラ／タスクライト〈2012～14〉
デザイン：岡部憲明アーキテクチャーネットワーク
製造：新光電装

・箱根ハイランドホテル新館〈神奈川県箱根町　2012～14〉
施主：小田急電鉄
建築設計：岡部憲明アーキテクチャーネットワーク＋大和小田急建設
構造・設備設計：大和小田急建設

・箱根登山電車3000形〈2011～14〉
運行開始：2014年11月
施主：箱根登山鉄道
デザイン：岡部憲明アーキテクチャーネットワーク
製造：川崎重工業

［**著者**］
岡部憲明（おかべ・のりあき）
一九四七年、静岡県生まれ。フランス政府公認建築家、神戸芸術工科大学教授。
早稲田大学理工学部建築学科卒業。フランス政府給費研修生として渡仏後、レンゾ・ピアノと二〇年間にわたり協働、ポンピドゥー・センター、IRCAM音楽音響研究所など設計に従事。一九九五年に岡部憲明アーキテクチャーネットワークを設立。代表作に関西国際空港旅客ターミナルビル、牛深ハイヤ大橋、小田急ロマンスカーVSE、MSE、東京ベルギー大使館など。著作に『エッフェル塔のかけら』（紀伊國屋書店）、『関西国際空港旅客ターミナルビル』（監修、講談社）、『ピーター・ライス自伝』（監訳、鹿島出版会）など。
岡部憲明アーキテクチャーネットワーク〔URL〕http://www.archinet.jp/

空間《くうかん》の旅《たび》　可能性《かのうせい》のデザイン

二〇一四年九月一〇日　第一刷発行

著者　岡部憲明《おかべのりあき》
発行者　坪内文生
発行所　鹿島出版会
〒一〇四―〇〇二八　東京都中央区八重洲二―五―一四
電話　〇三（六二〇二）五二〇〇
振替　〇〇一六〇―二―一八〇八八三
ブックデザイン　田中文明
印刷・製本　三美印刷

ISBN 978-4-306-04610-8 C3052

URL: http://www.kajima-publishing.co.jp
e-mail: info@kajima-publishing.co.jp